视频号运营攻略

萧大业
艾 乐·著

中国人民大学出版社
·北京·

目
录

CONTENTS

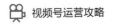

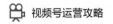

第一章

CHAPTER 1

视频号——2021 年普通人的最大红利

1 投身视频号的契机

我是萧大业，名字非常好记，读起来就像"萧大爷"。人长得也比较着急，很小的时候大家就叫我"老萧"。小时候有一次和父亲走在回家的路上，听到有人大声叫"老萧"，父亲不断回头去找，找了半天也不见认识的人，他哪儿知道"老萧"站在他身边呢。

1.1 人生的重要决定

我自幼热爱体育和音乐，很小的时候就加入了学校的乒乓球队。打了几年没什么长进，正好个子突飞猛进，于是改打篮球，换到了校篮球队，从此和篮球结缘。

大学毕业后，我被分到铁路系统，做了国家干部，步入国企生涯，开始接触真正的社会。为了让自己成长得更快一点，我在实习期间就去干了各种不同的岗位，甚至去跑车，做乘务员。那时每趟列车都可以称为一个江湖，鱼龙混杂，我见识了各种各样的人，遇到了各种各样的事，学习了也适应了在纷乱中理清头绪、果断下手的工作方法。

那时的国企还没有开始改革开放，基本是一潭死水，对于一个立志想做好管理的人来说真是百无聊赖。于是我找了几个小伙伴组建乐队，开始把业余时间都投入到乐队的排练和演出当中，每天乐此不疲，玩得十分开心。但我内心深处依然认为自己是个受过高等教育的人才，搞乐队这些不是自己的正道，时间一长内心也感到有点空虚。

这时广东正好迎来了邓小平南方谈话，吹响了改革开放的号角，各种外资企业、合资企业横空出世，我的朋友、同学纷纷南下投身于改革开放的洪流之中。我也跃跃欲试，有点心动。但那个年代我们这样的人要离开体制，会受到家庭、社会各方各面的压力，作为一个生在红旗下、长在革命家庭的孩子来说，内心一直在挣扎，没有足够的勇气走出这一步。

我开始不断收到去了南方的同学的消息，这个进了外资企业，那个发了财，某某已经买了房了……传回的消息十分振奋人心，南方形势似乎一片大好，勾得我心越来越痒，感觉自己越来越难以控制住内心的冲动了。

26岁生日的那个晚上，前半夜我和乐队的朋友在酒席中欢庆。结束的时候大家弹着吉他合唱了一首《真的汉子》，我感到热血沸腾，散场之后睡意全无，自己一个人躺在客厅的躺椅上，烛光伴着我度过了整个夜晚。我静下心来和自己的内心对话，我到底要什么？这一晚我找回了初心：想成为一个人才，想做一个有价值的人，想去看看世界上先进的管理到底是怎么样的。朝霞染红天边的时候，我做出了决定，跨出了人生中很重要的一步。我心里知道自己选择了一条更麻烦的路，从此就要靠自己了。

1.2 ◀ 走上管理之路

南下广东进入了外企，我如饥似渴地开始学习管理，一切都使我感到新鲜，一切都和原来的企业不一样。后来公司组建了广东综合技术中心，我开始接受系统的管理技能训练，边学边实践，感觉自己提升特别快。不知不觉度过了八年时间，回头一看竟已做过几个部门的经理了。

这八年把我从一个学管理的变成了一个干管理的，更重要的是收获了两点：一是自信心越来越强大，管理每个部门成绩都不错，感觉自己做什么都可以成功；二是各部门轮转下来，感觉对公司运营的每个环节都有所了解，可以自己打理一家公司了，这为我第一次创业打下了良好的基础。

一切准备就绪，创业似乎也就水到渠成了。2002年，我和我的老师——日本管理专家、1976年全球戴明奖获得者大野康——一起创办了咨询公司，开始为中国本土企业提供咨询服务，帮助它们提升产品品质、缩短交付期、降低成本。公司业务做得风生水起，忙不过来。这期间我因为工作关系接触了很多行业，对这些行业都有了认知，也开始总结一套管理公司的方法。有时候公司会接到一些培训订单，当大家在市面上找不到合适的讲师时，我只能挺身而出，站上讲台，这是我讲课的开始。

几年以后，老师上了年纪要回日本，我也有了新的想法，希望去实践一下自己总结出来的管理体系。帮人咨询是一回事，自己操盘又是另一回事，我需要亲自去操个盘子来验证一下自己的东西。我引进了股东，减持了股份，离开公司去了一家上市企业操盘，在那里验证了我的管理系统的可行性，开始更加自信。之后我再次创业，一路打拼。

1.3 ◀ 人生中的又一次重要决定

2015 年 12 月，我对自己的人生重新做了思考和规划，退出了公司的日常管理，只做股东合伙人的角色，保留了一项工作，就是去全国各地给央企、上市公司以及一些大型民企的管理者做管理培训。从此，每年我有一半时间在旅途或讲课，每年飞行里程可能超过 99.5% 的人，经常早上在酒店醒来要想一下这是在哪个城市；另一半时间就在世界各地旅行。

之所以保留培训这项工作有几个理由。一是我很喜欢做培训，因为每次上课都能看到学生聚精会神地听你讲，每次讲座结束都有很多学生要求加微信，你知道他们喜欢你，知道自己的课程反响很好，这让人特别有成就感。二是这项工作特别有挑战性，因为每次你都不知道自己要面对谁，坐在下面听课的人里可能会有不少强人，甚至比你厉害得多，这会让自己有压力，但同样会转化成动力。你会感觉需要不断更新知识，需要不断向上努力。三是我感到这项工作是我做过的所有工作中最有社会价值的。有一位大公司的老总辗转找到我，他说十年前听过我的课，深深地影响了他。我当时十分激动，忽然就感觉，原来这份工作可以影响很多人，可以帮助年轻人成长，帮助他们成功。

神仙一样的日子一下就过了五年，来到了 2020 年的春节。年三十的晚上和父母欢聚一堂、推杯换盏之际，姐姐接到了医院的电话，要求大年初一就回到岗位，去应对严重的疫情。一个电话冲淡了节日的喜庆，我们都有点开始担心姐姐了。

随后就开始了大面积的隔离，只能待在家中。原定春节后的 2 月十分繁忙，年初六开始就要马不停蹄地去 10 家公司上课，在疫情的影响下全部调整，由线下转入了线上。

我之前一直在做线下培训，对线上培训比较排斥，觉得面对面才是最好的培训方式。面对面的培训中我可以看到每一位学员的眼睛，可以看到他们的表情和反应，可以充分地和他们互动。我喜欢那种感觉，一句话说出去就知道会笑声一片。因此，这么多年我一直既没有做过"二微一抖"（微博、微信、抖音），也没有做过线上培训。

这次没办法了，硬着头皮下载了小鹅通、腾讯会议、Zoom，极不情愿地开始了线上的培训。从极不适应到慢慢适应，自己也开始总结线上培训的心得和感受，逐渐变得越来越得心应手。

原来我开年后的第一场培训定在年初六，客户是一家上市公司，他们把我的培训当成开年的誓师动员大会，因此一直不愿意转成线上培训，坚持要等到复工做线下培训。

3月，企业开始陆续复工，该公司邀请我去培训。但家人十分担心，不想让我去。一直等到3月下旬，客户企业反复做工作，希望我一定去做一场。他们说当地早就零感染了，飞机可以订头等舱第一个位置，届时可以最后一个登机、第一个下机，公司会派消过毒的专车去机场接我，到酒店后住在房间里不用动，餐食会让酒店送到房间，上课时学员都会戴上口罩。我感觉他们真的很用心，决定要去，就拿企业的这些承诺去说服了太太。

一切按照预定计划推进，课程进展也很顺利。吃中饭的时候，客户企业领导邀请我一起就餐，我也就随他们进了包间，进去就坐才发现，他们吃的是围餐。来了也不好意思拒绝，只好坐下就餐，没想到这个时候该死的电话响了，是太太的电话，而且是视频电话。她从视频里看到了完整的一幕，十分不高兴，只说了句不是送进酒店房间吃吗？怎么吃上围餐了？就匆忙挂断了电话。

我很忐忑，回家的路上一直惴惴不安。深夜到家后发现门打不开，只好给太太打电话。电话那头传来了严厉的声音："你把箱子放下，等下我来消毒处理，把自己剥光了去三楼。你要对家人负责，必须在三楼隔离14天，我会给你送水送饭。"

没办法，开始了居家隔离的日子。我的活动空间被限制在三楼，一间卧室，一间书房，一个洗手间还有一个大露台。我每天定时吃送来的饭菜，看书，睡觉，发呆，有时玩一下吉他，有时弄弄哑铃，常常站在阳台上看着夕阳西下，感叹人世沧桑。

1.4　萧大业视频号的诞生

有一天我偶然看到秋叶大叔的公众号发了一篇文章，文中提到了视频号，说视频号就像一个更大的朋友圈，可以看到更多牛人发朋友圈，你发的内容也可以被更多的人看到。看到这里我有了点兴趣，感觉自己有信心做好它。因为我从2012年8月26日发第一条朋友圈至今，已经发了快8年，几乎每天都发，每次都有很多朋友点赞，有些朋友甚至会一直追着看。

我发了第一条视频号作品，那是我在贵州大小七孔旅行时走路的一段视频，配上了《真的汉子》的音乐，非常威武。发出去之后看到点赞不少，但并没有吸引别人关注我。第二条发了一段我现场唱歌的视频，歌声沧桑，颇有歌星范儿，点赞还是不少，但仍未吸引到别人关注我。第三条发了一段我在欧洲旅行时的视频，剪辑精良，画面优美，结果还是差不多。

2 视频号带给我的新思考

2.1 ◀ 视频号的第一个思考

    每一位号主所展示的内容要和你的受众有关联，而不是只表现自己，如果自己表现得很嗨，受众完全无感，那就不太可能吸引人关注你。别人要关注你，自然是在你这里可以获取一些有价值的东西，一些知识，一些经验，一些愉悦，一些感动。

我开始思考，为什么发这个视频号大朋友圈有时还没有发自己的小朋友圈点赞的多。想了很久想出了点眉目，小朋友圈都是熟悉我的朋友，我们在线下见过面，甚至一起喝过酒聚过餐，他们关注你的旅行，愿意跟着你的镜头一起去看看。而视频号这个大朋友圈的人，你对于他们来说是陌生人，你活得再精彩可能和他们也没什么关系。

2.2 ◀ 视频号的第二个思考

    尽量真人出镜，不管你是口播还是做 vlog，其实这正是短视频的优势。真人出镜给人的信赖感是完全不一样的，也的确符合视频号的 slogan：展现真实的自己。

想清楚之后我就开始做调整，不再发自己生活、旅行的东西。那天正好某银行出了一个乌龙事件，特别业余地把客户的保证金都赔光了，我录了调整之后的第一条视频，当时用了机器人的声音和画面。这属于当天的热点事件，发完我就开始关心这一条数据怎么样。结果发现比之前两条是要好了一些，开始有点起色。继续发了两条机器人的作品，数据又开始下滑了，我觉得这样不行，又开始检讨。检讨的第一个结论就是：机器人的声音和语调实在是让人感觉不舒服。于是我发了一条讲目标的视频，用了我之前拍的视频做画面，然后配上了我的声音。这一条发出之后数据明显比前两条好了很多，更让我开心的是有些老朋友也点了赞。

再接再厉，又想提高，再提升就得真人出镜了，但每个人真要出镜的时候心里都会有点忐忑，即使像我这样身经百战、线下演讲超过了 1 000 场的人也一样。挣扎之中我去刷了一会儿视频号，想看看别人怎样。刷到了秦刚，刷到了龙东平，看到他们点赞有 800 了，好羡慕，好惊讶，于是把这两个人的视频统统刷了一遍。秦刚在讲营销，龙东平在讲创业，刷完之后我下定了决心：我要出镜，我要讲管理。

一番努力之后，终于拍了第一条本人出镜的视频，讲的内容是李子柒。那时候正好她如日中天，火得不得了，在讲她的时候附带了一个知识点：个人 IP。这条反响不错，这让我有了更大的信心。之后我又拍了谈刘强东的，说黄铮的，

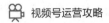

数据和流量都有了一点起色。

2.3 ◀ 视频号的第三个思考

如果你内心已经很想来做视频号了，那就鼓起勇气开始吧。不要用一个网红的标准来要求自己，视频号本身只是微信生态里的一张名片，张小龙也说了：它更重要的是"号"，而不是视频，我们之所以焦虑困惑不是因为做一个视频有多难，而是因为那些数不清的犹豫和彷徨。

我觉得自己已经走上了正轨，开始讲一些线下上课时讲的管理内容。但事与愿违，数据并没有按照我的想法如期上升，反而都略有下降，我再次停下脚步，开始复盘思考。想了很久想出了点眉目，我在线下上课，从严格意义上来讲是to B 的，听我课程的都是公司里的高层和中层，他们都有一个统一的标签：干部或者管理者；而视频号的受众是 C，他们是来自各行各业五花八门的一群人，有很多人都不是管理者，他们对管理也不一定有兴趣，所以我的内容还需要改进，需要更贴合关注我的人群。

好在管理学是一门比较大的学科，其中蕴含了很多领域的知识和话题，包括心理学、教育学、职场、成长等，这些都与个人紧密相关，完全可以和大家分享。想到了就干，当天下午我一口气列出了 100 个标题，感觉几个月的弹药都备好了。

我开始在三楼的榻榻米房间录制。刚开始什么都不会，把手机架起来就录，后来发现有车路过的时候视频会有噪声，于是花 139 元买了一个麦克风，这就算我早期为视频号做的唯一一笔投资了。

当时我也不会用剪辑软件，而那时的视频号只能发一分钟视频，拍出来的视频经常正好是 1 分 01 秒或者多几秒，因为不会剪辑，每次就只能重拍。最初一条视频要拍几次，慢慢逐渐适应，后来拍一两次就能搞定，每条都基本控制在 57、58 秒。

这段经历现在看好像很傻很可笑，但回头想想也是非常有价值的。反复地拍视频正是一种很好的训练，它帮助我更快地适应了镜头，所谓镜头感正是在一次又一次精益求精的拍摄中逐步提高的。不仅如此，对时间如此苛刻的要求同样使我对口播时的语速和节奏非常敏感，为未来拍摄打下了坚实的基础。这段时间我在榻榻米房间拍摄了一些作品，内容都不错，开始有了一些粉丝。记得超过 100 个粉丝的时候我还截屏留了纪念，那天喝了点小酒，心想粉丝肯定会越来越多的。

14 天的隔离时间就快到了，我早已渴望出去了。看着自己作品中一成不变的房间，想象着我能出门后，正好利用家四周都是公园的便利条件，可以到处去拍一拍，想想就兴奋，摩拳擦掌，跃跃欲试。冷静下来我又想，环境改变了，内容也要精心筛选一下，于是开始仔细研究之前准备的100个小标题。

考虑了整整两天时间，挑来选去，最后选中了"钱分好了，管理的问题解决了一大半"。之所以选这个题目，我考虑了很多。从受众考虑，这一条覆盖的范围应该是比较广的，只要是领工资的人，大部分内心都会觉得在这一块公司做得不够好，他们愿意赞同甚至愿意转发，因为说出了他们平时不是很敢说的想法。发工资的老板可以借此意识到，分钱的的确确在公司的经营管理中非常重要，可以检讨自己以往的做法。

解禁那天我去了家门口的小镇，选了一个街角，侧面坐着，后面有花，架起三脚架开始拍摄。第一次拍摄不是很适应，边上有人走过就会不自觉地打断自己的思路，反复试了好几遍，慢慢开始适应。正当自己感觉完全调整好，开始进入状态的时候，边上有栋房子装修的噪声又开始没完没了地吵起来了，吵得我完全没办法拍摄，只能停下来叹叹气把头摇。终于等到声音小了，要拍摄了，发现又状态全无了，只好调整再战，反复折腾了两小时才算完成。

其实每个人第一次可能都会不适应，都会遇到很多困难，但不管怎么说，克服困难跨出第一步才是最重要的。没有这第一步，就不会有后面的任何成绩，所以一直以来我都喜欢这句话，"所有的伟大都源于一个勇敢的开始"。

2.4 视频号的第四个思考

尽快取得一场战役哪怕是局部战役的胜利非常重要，它将大大坚定你的信心，让你更努力地投身于工作中。做视频号的人大多有着不短的生活和工作经验，集中自己所有的资源和力量，努力先做好一条视频应该都能做到。

作品发出去了，开始等待反馈，拿着手机每一分钟都盯着屏幕。因为这是一个精心策划的视频，所以有了很多期待，恨不能看到每一个赞、每一条评论。

功夫不负有心人，反响大大超出了预期，从发表开始就不断有人点赞评论转发。在这之前，我的视频最高浏览量也就不到4万，这条发出以后每一天数据都在暴涨，一周之后竟然来到了30万浏览，点赞早已过千。更让我高兴的是粉丝数一下就来到了3 000，不仅如此，因为有了粉丝基础，之后的流量和点赞数都稳步上了一个台阶。

这些数据对于当时还是小白的我来说都是天文数字，使我非常兴奋，像给我打了一针强心剂，坚定了要做下去的决心，甚至开始爱上了内容创作。创意不断地在脑海里翻滚，有时候在跑步的过程中都会有灵光忽然闪现，每天都沉浸在

作品的思考和打磨中，对自己发出去的作品都充满了期待，心里有了无穷无尽的动力。

2.5 ◀ 视频号的第五个思考

> 回复留言、和粉丝互动是一种运营，它有助于你和粉丝建立强链接，巩固你的实地。

接下来的日子充满了阳光，身心愉快灵感四溢，我在这期间精心创作了大量作品。每天晚上 8 点发完了作品，我都守候在手机旁，看着越来越多的人开始留言，我真诚地想和他们沟通，于是见到一条就回复一条。有一天，我看到一条留言说，"我给很多人都留过言，各种咖位的人都留过，就从来没见过你这样每一条留言都回复的，你真的很好"。我看了挺高兴，同时也深深地意识到和粉丝互动很重要。每个人留言后其实都会期待着一个回复，如果一直没有回复，那可能以后他也不会再留言了，甚至会慢慢不再关注你了。所以我回答大家：只要时间允许，我肯定会尽最大努力回复你们，如果有一天我真的没办法回复太多留言，希望你们也理解我。

其实我认为这也是运营的一部分，但很多人并没有意识到。很多号主都在学运营，还有很多在教运营，但他们很少谈到这一点。很多人学来的运营就是去混各种各样的群，然后在群里到处扔作品，扔完就跑，乐此不疲。我甚至看到有些群禁止扔作品，扔了要被移出群，依然有人奋不顾身地扔，也不知道他们有没有去统计过结果。

2.6 ▶ 视频号的第六个思考

人生路很漫长，路口很多。每到路口不知道怎么走的时候，最好的办法就是去认识一位新朋友，他会带你打开另一扇崭新的窗户，看到另一个不同的世界。做视频号也是这样，要主动去结交一些成功的号主，相互帮助，共同提高。

一天晚上，有人在我的视频号下方留言说，"花总的视频号在介绍你，快去留言互动一下"。看到这条留言我有些懵，因为我压根不知道谁是花总，也不知道去哪里可以留言。于是我问身边认识的朋友花总是谁，朋友告诉我她视频号名字叫花总 Jasmine。我正想去搜一下，就看到了 Jasmine 给我的留言，说她就是花总，也是我的粉丝，很喜欢我的视频。我当时感觉有点受宠若惊，然后打开她的视频号看了她当晚发布的视频。

那一期视频她介绍了五个号主，我就是其中之一，花总说她很喜欢我讲的东西。我看完忽然内心有些感动，因为我们素不相识，她就开始向大家推荐我。我是个特别感性的人，从那个时候心里就认定她是我的朋友。花总，就是我通过视频号结交的一个真正意义上的好朋友。

我看了她所有的视频和介绍后，才知道她在香港，是一位非常成功的女性，靠着自己的奋斗取得了令人羡慕的成就。后来我加了她微信私聊，越聊越投缘，在之后做视频号期间，我们也经常相互鼓励，共同进步。有一天，她问我要不要加入她所在的一个视频号社群，里面有很多视频号头部大咖。我看了花总发我的群成员截图，发现里面确实有很多行业大咖，我也挺想进去，但还是有些犹豫，毕竟当时我的视频号粉丝只有 4 000 左右。于是我跟花总说，再等一段时间。

一周后，花总又来找我，聊到那个视频号社群，她说那个群质量很高，经常会有一些视频号相关的经验交流和分享。当时我的粉丝数也差不多 6 000 了，于是欣然答应。

进群后，看到群成员星光熠熠，没多久，十点林少也被邀请进来了，之后进群的个个都很厉害。我经常刷到他们的视频，比如十点林少，其实我很早就关注了十点读书，但真的这么近距离接触到创始人的时候，心里依然还是有些激动。线下的大佬见得多了，线上的大佬我还真是第一次见。进群后我用一周时间观察了群里的情况，发现这个群非常活跃，有些人经常发红包，还有些人很乐于分享，而我没事就去研究这些人的视频号，发现这些人真的很厉害。

一周后我开始陆续加他们的微信，和一些在群里比较活跃的人私聊，发现大家都很友好，而且很虚心。他们当中很多都是互联网老兵，全网有几十万几百万的粉丝，而我听着他们的介绍，开始逐步对互联网有了全面的认识。群里时不时还有大咖用语音分享，讲的都是在视频号上摸索出来的一些经验。我开始逐步适应并融入这个社群，同时也链接到了很多做视频号的大咖朋友。

有一天花总私信说她正好要来上海出差，想见个面交流交流。我说要不要把上海熟悉的号主一起叫上？她说可以，于是我就开始联系群里上海的号主。结果群主知道后说干脆搞大一点，我们把包邮区的都叫上！就这样促成了群里的第一次聚会，筹备阶段他们问我能不能做个分享，我爽快地答应了。

见面的那一天大家都很亲切，看到了屏幕上经常看到的很多人，热烈地聊了起来。到了分享的时候，群主开了直播，这次的聚会可能是视频号有史以来众多大号主的第一次聚会，直播收看的人不少。我做了一个演讲，效果不错，让更多的人认识了我。

2.7 视频号的第七个思考

涨粉靠爆款，这是一个颠扑不破的真理。大部分大号都有这样一个现象，就是所有的视频加起来所吸引的关注，都不如一条爆款视频带来的关注多。打造爆款就是每个号主应努力做的事情。

6月的一天群里来了一位大人物——同程集团董事长吴志祥。吴总很忙，在群里也基本不发言。有一天忽然看到群里说吴总有一条视频爆了，我赶快去看了一下，视频标题是《为什么要关注我》，果然很火。当晚吴总发了红包，说观看量已有 100 万了。大家对此展开了热烈的讨论，最后有人提议我们也可以拍，于是几个群友也跟着拍了《为什么要关注我》，但没有出现很厉害的爆款，这个话题渐渐也就没有人提了。

那时候进群门槛提高了，新号主要粉丝量达到 10 000 才能进群，但老成员没达到不要紧。这时我的粉丝数刚过 9 000，离 10 000 还有距离，对于脸皮很薄的我来说，心里开始暗自着急。群友静子是一位拍插花的号主，有一条视频爆了开始狂涨粉，先是一夜之间涨了 10 000 多粉，之后根本停不下来，2 万、3 万，直奔 6 万去了。我们这些吃瓜群众惊呆了，心里又羡慕又焦躁，多年的经验告诉自己，越是这个时候越要冷静下来。

我仔细想了一下，发现要尽快冲上万必须拿出一个特别爆的视频。我的基础已经很好，在这之前已经有很多小爆款了，按我的眼光看绝对应该更火爆，只苦于流量太小了，如果能有静子一样的爆款就会有大流量进来。我那些小爆款被这些新的流量看到，说不定也会爆，万事俱备，只欠东风了。

我陷入了苦思之中，没有什么方向。有一天早上看电视，一个摄影师的采访触动了我，我忽然就有了灵感，马上想起了那条视频《为什么要关注我》。我知道该怎么讲了！我相信可以吸引到一些人！

我去书房坐下，拿出笔和纸，破天荒地写起文案，写完以后又改了两稿，读了好几遍都觉得很通顺。出门到小镇选了水晶餐厅做背景，那里空无一人，方便拍摄。

可能是之前准备得实在太充足了，拍得非常顺利，一次就拍好，几乎没怎么剪辑就发了。发完我放下了手机，没有像往常那样马上去看点赞、看留言，给自己泡了一杯茶，装模作样看了一会儿电视。本想1小时之后再去看，结果到40分钟的时候实在忍不住打开看了。

形势一片大好，40分钟已经超过了平时一晚上的点赞数。我有点高兴但又有点担心，担心能否持续，惴惴不安地度过了一个晚上。早上起来一看，长舒了一口气，一路长红，数据节节攀升，关注数已经超过10 000。此后一周数据都不断攀升，而且非常平均，之后拉了一个长尾。更让人欣喜的是，这条视频爆了之后引来了一波流量，这些人进来后就去翻了前面的视频，前面的视频也如我所愿开始一个个小爆起来，合在一起声势巨大。进入7月，也就是我做视频号3个月不到的时候，关注数突破了7万，当时放眼视频号也是个很了不起的数字。

2.8 视频号的第八个思考

　　　　真正好的作品来源于生活，贴近生活，有情感的流动。

　　我开始变成一个大号，就是在群里也从一个中下游的小号一跃成了头部大号，收获了很多赞誉，也有越来越多的人要求添加我的私人微信。创作也进入了一个高峰期，脑子非常灵活，看到什么马上会有想法，拍视频也越来越自信，常常是想到就拍。每天都有很多陌生人 @ 我，希望通过这样的 @ 引一些流量。

　　我从来就是一个乐于助人的人，愿意用自己的力量去帮助能够帮到的人，于是我拍了一条视频《利他就是利己》，对所有人说：我并不介意你 @ 我，我也愿意去帮助其他需要帮助的号主。你们 @ 我，只要有空我会去看，如果内容好我会点赞，但内容如果不好，我不会被你绑架来点这个赞。这段视频在圈内产生了一些影响力，更多人知道了我。

　　暑期到了，我又和往常一样去父母那里陪他们住一段日子。平时工作太忙，并没有太多时间去陪伴父母，总认为未来很长。今年因为疫情，和父母在一起度过了疫情最严峻的那两个多月。在朝夕相处的 80 天里，我突然发现他们真的老了，爸爸走路都吃力，妈妈再也不像从前那样不睡午觉，从早到晚做事了。当时我就有了想法，就想以后只要有时间就多多陪伴他们。

　　有一天我在剪视频号的时候，抬眼看到两人正在烧菜，配合默契，非常和谐，我突然就起了念头，要给他们做个视频，把他们的生活记录一下，也许可以留给后人看看，于是就开始了《相濡以沫》的创作。我选了之前随手拍的照片，每一幅都感觉很温暖，照片的时间跨度长达十几年。

　　有一天他们去菜场买菜，问我去不去，我佯装不去，跟踪拍摄了他们买菜的全过程。回来以后就开始剪辑、配音，发之前还给爸妈看了一下。老爸说你什么时候拍了这么多照片？老妈笑着说你这条可能要火，谁都有父母嘛，只不过有点太平常了，大家都是这么过嘛。

　　现在这条视频（《相濡以沫》）浏览量已经超过了2亿，点赞730万，转发120万，评论有6万多，如果不算重复观看，每7个人就有1个人看过这条视频。自媒体平台很少有这样惊人的数据，绝大多数号主所有作品相加也没有这条视频的数据。它激起了很多人的情感，看评论可以知道，有人羡慕的是爱情，有人看到的是孝顺，更激发出了人们对未来的向往和追求，让爱回到了每一位观看的人身上，有着极大的社会意义和价值。浙江卫视播出了这条视频，各类媒体都有报道。

　　现在回头看，这可能是我这一生为父母做的最有意义的一件事，这条视频感动了真正意义上的亿万人民，并有可能一直流传下去。更让我感到侥幸的是，父亲不久后过完生日，身体状况急转而下，竟已难以行走，如果我当时没拍，可能再也拍不了了，那我真的会抱憾终身。如果你想做一件事，一定抓紧去做，想去看看父母就赶快去，避免发生子欲孝而亲不待的事。

拍摄这样一部短片也靠平时的积累，十几年来的照片，每一张背后都有故事，这些都要靠平时的积累。就像其中一张窗边看书的照片，就是我突然回家想给他们一个惊喜，走进门看见这一幕，就觉得好温暖好和谐，我足足站了快 10 分钟才拍下这张照片，那其实就是生活中的一个瞬间。

其实我们每个人都经历了很多瞬间，有的人留意了，有的人没有；有的人被感动了，有的人没有反应。你留意过夕阳吗？你听过花开的声音吗？你看到父母的白发了吗？留意过妻子娇羞的表情吗？知道孩子什么时候换的牙吗？这些细节就是优秀作品不可缺少的元素。一个优秀的创作者一定是沟通高手，要把自己的情感表达给受众，必须自己有人的味道，才能创作出被人欣赏的作品。

我们家是个和谐的家庭，记忆里父母就没怎么吵过架。和谐的家庭氛围得益于良好的沟通，得益于父母都是沟通高手。我们很小的时候就会参与家里很多事情的讨论，所有人都可以畅所欲言。

妈妈非常勤劳，是一个极品沟通高手，可以和任何人良好沟通，为家庭付出很多。她也是个有大格局的人，经常教育我要凡事做到心安，诚心待人，吃亏是福。她退休二十多年，也不住原来的老房子了，每个月依然有以前的同事、朋友大老远跑来看她，这都得益于她是一个情商极高的人。

爸爸话虽不多，但表达很好、很幽默，再复杂的事情三言两语他就能说清楚。他常年忙碌，和我们相处的机会并不多，可是每次沟通都给我带来深刻影响。他偶尔也会严厉地教育我，让我知道有所为有所不为，知道做人做事底线在哪里。

说了很多《相濡以沫》背后的故事，大家可能也能看到我在视频中表现出来的很多东西来自家庭，来自我成长过程中耳濡目染的影响，你甚至可以看到我父母家人的影子，当然也可以看到我身上的很多印记。

2.9　视频号的第九个思考

> 号主应该精心设计自己的形象，营造出让人非常容易记住的记忆点。我的称呼、头图、帽子和墨镜能让人很轻易地记住我。

8 月，同程旅游在苏州举办了首届大规模的视频号峰会，公开售票。同程董事长吴志祥亲自出马，销售情况非常好，看得出视频号的号主都跃跃欲试。我受邀做演讲嘉宾，认识的很多号主都确定要出席，看来可以成为视频号有史以来最大的一次线下聚会了，大家都很期待。

群里的号主文清在苏州开民宿，邀请我去住，同时也邀请了一些做视频号的朋友，于是我们提前一天到达苏州，在文清的民宿聊到很晚。大家虽然都是初次见面，却像一群老朋友聚会一样，这种氛围和感觉让我很欣喜。

第二天一早我们就去了会场，走进同程大厦，看到各处都是视频号的宣传海报。其中有一面墙挂满了出席会议的大号主的照片，我第一眼就看到了自己的照片，同伴们也说，你那个照片太显眼了，一面墙扫过去最先看到的就是你。我忽然感觉到那张照片真的很显眼，特别有识别度。

会议开始后，我的名字被反复提起，这让我倍感荣幸，显然，和形象一样，"大爷"这个谐音名太容易被记住了。

2.10 视频号的第十个思考

不管做什么，都应该努力去结交一些业内人士，尤其是高手，虚心向高手请教学习。一个人学习很孤独，成长很慢，一群人则很充实，前进的步伐都可以加快。

会议结束我们就赶回了民宿，这天晚上就更热闹了。又加入了好些人，知名视频号主香港金融侠侣、宏涛和亭子、小舟妈妈、郭郭、ViVi、小隐，民宿一楼的大厅几乎坐满了。文清坐在中央主持晚间大会，大家热烈地交流，每个人都如饥似渴地学习。直到后半夜，大家都收获满满，才依依不舍地散去。

2.11 视频号的第十一个思考

> 线上和线下结合，人和人的链接才牢固。

这次视频号峰会让我真正认识了好多号主，感觉线下见面真的也很重要。线上早已深交，线下一见就把友情夯实了。也正因为这次见面，让我陆续与很多人建立了深厚的友谊，也是命中注定我们要共同走过一段路，一直到现在我们依然保持着密切联系。

2.12 视频号的第十二个思考

> 直播的威力很大，让你直面受众，给大家很强的亲近感和既视感，有助于加强受众的黏性，同时也使你和关注你的人沟通更有效率。直播这个工具值得好好用起来。

进入9月以后，我的视频流量又上了一个台阶，每一条都可以达到10万这个级别。越来越多的人加我微信，有好多伙伴都在问我怎么和我学习，有没有课程，他们想报名，甚至有人说要带着团队找我学，但我并没有什么想法。我依然陶醉在创作内容的喜悦之中，反正也没想过靠它去挣钱，就这么一直拖着。

有朋友专门和我讨论这个问题，说你本来在线下就授课，那么多课程都是现成的，做知识付费是最容易的。我开始有点心动，但想着线上培训我并没有搞过，心里没底。我知道这时人气高涨，可能会有大量的人来报名，但万一搞不好出问题怎么办，依然很担心。

国庆节过后，微信推出了直播和小商店，有一天我和朋友讨论做知识付费课程的一些顾虑，经过分析后，有了新的想法。

如果担心学员太多，完全可以开一个不是太热门的课程，定位相对高端，这样提高了门槛，招的人想必不会太多。视频号的课程目前不能开，太热门；我想到自己沟通的课程很适合。首先这个课程很成熟，每年都在线下上很多遍。其次这个课程在线下收获的评价非常高，学员评价分数都很高，接近满分。最后这个课程相对没那么热，加上并不算低的价格，肯定没有那么多学员，开课的同时也可以筛选出微信好友中哪些人是"真粉"。

我们设计了一个以前没有人用过的方法，确定了整个日程。10月20日我在视频号发布视频，预告我将在10月26日举行个人第一次直播，连续三天，每天都有抽奖。预告中邀请大家预约，看直播进群；小商店挂上要上的课程，直播时就挂在直播间，感兴趣就可以在观看直播时直接下单，非常方便。

预告视频发出，没多久，我看到微信群已热闹非凡，十几分钟时间200人的1群就已经满了，随后2群、3群、4群、5群……一直不停地开新群，还一直有人说加不进群，最后统计共建了32个群，非常火热，完全超乎意料。

　　更意想不到的是，我发出一条朋友圈寻求抽奖礼品赞助后，一夜之间竟然有53家企业和个人要求提供赞助，品种五花八门，吃的、用的、穿的一应俱全，我花了不少工夫来筛选礼品，最终选定了15家。

　　10月26日，我开始了首场直播。虽然精心准备良久，但依然遇到一些困难。直播一开始就上线了很多人，可能因为是人数太多，也可能是网络或设备的故障，导致直播严重卡顿，但因为专心直播未及时注意观众反馈，直到看见在线人数不断往下掉，才意识到问题的严重性。

　　经过一番紧急处理，问题解决了，但这样一折腾，我心里也有点慌乱，花了不少时间才把思想和精力重新聚焦回来。这对我的状态影响很大，心里一直隐隐约约担心，虽然最终观众都觉得还不错，但我自己并不满意。

　　直播一结束，我就和团队做了复盘，我们总结了好多原因，提出了第二天一定要改进的地方：一是在直播的时候要把手机调整到飞行状态，我们怀疑直播期间的电话或者信息提示音会影响直播效果；二是要把直播手机周围的手机全部调成静音；三是我要把语速放慢；四是要在我面前增加一部手机，注意和观众多互动。

开完会就很晚了，深秋的上海，深夜已经有点凉意，但我毫无睡意，走出家门在小区里散步。那天晚上月光皎洁，看着月亮，想着第二天要讲的话题，我忽然感觉又跃跃欲试了。

第二天一开场，我就刻意暗示自己淡定从容一点。有了第一天的经验，第二天好多了，全程从容发挥，观众互动不少，我一一作答，越讲信心越足，到最后都有点不想结束了，在依依不舍中完成了第二天的直播。

三天的直播以非常"单纯"的方式结束了，建了这么多群并认真运营，没有去卖课，也没有任何宣传，就像一场大戏，敲锣打鼓轰隆隆开了场，却戛然而止。开始我沉浸在无比的喜悦之中，后来就总觉得缺了点什么，这么大的流量，我们却像开了个大水龙头，咕嘟咕嘟把水全放跑了。

水是不应该浪费的，要么储存起来，要么把它用起来。可是我们在直播前并没有考虑清楚，既没有建立适合储存水的池子，也没有用水去灌溉良田。尽管如此，还是在圈内引起了不小的动静，后续也有大咖在模仿我们的方式，整个直播的运营还是非常成功的。

2.13 ◀ 视频号的第十三个思考

当流量起来的时候，要尽早考虑建立流量池，流量要有归处，不能让它轻易流走。另外要有足够多的产品去承接这些流量，不然流量没有用武之地。

不管运营和招生工作有多少欠缺，萧大业21天沟通训练营的招生还是比预想的要好很多，达到预期人数的两倍，大家欢欣鼓舞，精心开始准备。学员报名后一般都会微信和我说一声，简单沟通发现，其中竟有不少各行各业的精英。更让我惊讶的是，几乎所有学员在报课之前，和我的链接都是比较弱的。

他们当中很少有人在报课之前和我深聊过，大多数名字我感觉比较陌生。但有一点我能够强烈地感觉到，这第一批人是真正喜欢并信任我的人。

其实在这之前有很多人深度链接过我，我甚至花过很多时间去耐心地解答他们的问题。还有很多人曾信誓旦旦地说，你一开课我们一定会来，但真开课的时候，这些之前所谓的强链接几乎没有人来报。甚至还有几十个以前留言说开课一定要通知他的，最后通知了也音讯全无。

2.14 视频号的第十四个思考

最先成交的往往是弱关系的关注者。应该全面关注你的关注者，努力为他们服务。其实你并不知道谁才是愿意为你付费的关注者，这些成交的弱关系者最后往往都会转化成强关系者。

　　大家都怀着期待的心情等着开营的那一天，11月9日终于开营了，反响之热烈超出了想象，大家迸发出了强烈的热情、鼓励、赞美，漫天下着红包雨。每个小组都选出了组长，甚至有的小组成员为了做组长进行了PK。每个小组都晒出了各自的口号、目标、队名，看得出都经过了充分的讨论，花了不少心思。我被学员的热情感染，变得非常激动，深深感受到了他们对我的喜爱，心里想着我一定要尽力，决不能辜负他们。

　　最后我向学员们寄语：我们来自世界各地，从今天起有了一个共同的标签，就是萧大业沟通训练营的学员，你们以后就是同学。我希望通过21天共同的努力和学习，我们都成为一生的朋友，相互关心，相互帮助，共同成长，共同提高。

　　第二天开始了第一堂课，中心主题为"沟通就是爱愿的表达"。在我讲案例的时候，很多同学都发信息说他们流泪了。我讲得很动情，自己也沉浸其中，看到这些文字差点没忍住泪水。结束之后，大家又在群里进行了极其热烈的讨论，一直到午夜。我的心情一直无法平静，一夜之间，把大家紧紧地连接在了一起。

　　次日，很多学员都发表了自己的感想，有的人已经在自己的生活中做出了相应的改变。我也不禁反思一个问题：以前总觉得线下的培训因为面对面，有即时的回应和反馈，对于我们讲课的人特别重要。线上隔着屏幕没法即时反馈，一人唱戏会越唱越没劲，这也是我之前一直排斥线上上课的原因。但今天一看线上同样会有互动反馈，同样可以反应热烈，甚至还有延迟，影响更深远。

上课期间我去北京出席新视力主办的年度视频号大会，拿到了教育博主金奖和最有影响力博主大奖，并在会上作了主题演讲《视频号之道》。那一天北京下大雪，知道我到了北京，沟通训练营的北京学员甚至石家庄学员都冒雪赶到了现场。我放弃了组委会安排的午餐，和学员们一起共进午餐，大家亲密无间，欢聚一堂。

一期训练营进行得十分顺利，每一位学员都非常努力地完成作业。有时为了讨论作业，一晚上好几个小组都起了几千层楼，随着讨论的深入，学员彼此之间也越来越熟悉，大家结下了深厚的友情。最后一堂课结束的时候，我放了一首自己唱的再见，大家突然感觉怎么就结束了，都依依不舍，好多人说心里涌起了莫名的惆怅。

后来好多学员都用视频记录了他们的心情，大家真情流露说了不少感人肺腑的话，其中有些人说他们在平时的学习中很少发言。这让我深深地感受到视频号这个工具的强大，通过它我吸引到了世界各地这么多同频的人。

第一期沟通训练营结束了，但学员们之间以及我和他们之间联系更紧密了。之后我们又顺利地举行了第二期和第三期训练营，并分别在深圳和广州开了两次线下见面会。

2.15 视频号的第十五个思考

线上需要有一定频次的反复接触，如果能够加上线下的活动，关系会变得更紧密。

年底了，各个机构都在搞年会、搞活动，2020 年是视频号元年，活动特别多。年底我到厦门出席十点读书在厦门国际会议中心举办的视频号年度峰会，此次会议的规格很高，与会者基本都是短视频这个赛道的知名人士。大家相互学习，相互交流，收获很大，所有人都非常看好视频号的未来，这更加坚定了我们做好视频号的决心。

进入 2021 年，视频号越来越红火，微信也加快了推进的步伐，版本做了很多更新。很多人都开启了直播，我认为，直播一定是未来用得最多的方式，高效简洁，操作简单、门槛低，和关注者距离更近、更好沟通，信任感也更容易建立。如果说 2020 年是视频号元年，那 2021 年就应该是直播元年，直播带货的人会越来越多，这一年视频号直播会产生巨大的销售额，视频号的未来很美好。

让我们一起投身于视频号的创作之中吧。

第二章

CHAPTER 2

理解视频号

微信视频号开通以后，我一直认真在做，很多人关心为什么要做？

作为一个长期从事线下经营管理教育的人，我每年奔波于各地各行各业不同的企业，一直习惯面对面的线下交流，习惯及时回馈，总是排斥线上。曾盲目认为自己在这个领域有几把刷子，相信酒香不怕巷子深，不吹牛，不做推广，再加工作繁忙，错过了二微一抖。时至今日，我被狠狠地打了脸，发现人家把档口都开到了大街上，还每天敲锣打鼓地促销，消费者走不到巷口就已经把酒打回家了，你酒再好也不行。正在懊悔检讨之时，微信视频号出现了，我不是死不认错之人，当然很珍惜这个机会，想好好做做。

视频号开通后我刷了很久，感觉它和抖音、快手不太一样。快手主要面向我们所说的下沉市场，像个大舞台，似乎离我的生活有点距离。抖音总体感觉娱乐性质太强，已经成熟的各种大 V 太猛。视频号似乎更适合我这种输出轻知识技能类型的人。

抖音、快手的大数据算法是推送你感兴趣的内容。比如你喜欢看跳舞，那就各种舞蹈推给你，你喜欢看写字就不断推书法给你，画面又是满屏，文字很少，让你很难停下来，一刷就上瘾。这种机制对于成熟的大 V 来说非常有利，总会反复被推荐。

而视频号不同，它的大数据算法是基于社交，会把内容推给你朋友圈的朋友看，很容易刷到你的好多朋友。这种推送机制对于我这样的新人，即之前没有积累很多粉丝的人来说很有利，可以帮助我们冷启动。起码现有朋友圈的老朋友可以在初期支持你，不至于门前冷落得自己都失去信心。

据我观察，有一些抖音、快手平台千万粉丝级的大V，在视频号发布的内容点赞数并不高。看来，虽然同样是短视频，各大平台的调性还是不太一样，其他平台的号主来到视频号大部分有点水土不服。

另外，每个平台都希望培养自己的原生态创作者，这样才有利于自己的生态，从这个角度看，新人在视频号这个赛道还是有优势的。

视频号基于微信，可以看成一个被放大了的朋友圈。同样是短视频，但它不像抖音沉浸于体验美好生活，也不像快手更强调互动性，更不像微博，搬运很难行得通。

视频号的点评版面也不同其他，它既有视频，又可以输入文字，还可以链接到公众号。这样不仅打通了微信朋友圈，还打通了微信公众号，紧接着又开通了小商店，之后又打通了小程序，整个生态都活起来了。

从全局联系起来看：短视频＋中长视频＋公众号推文＋

小程序＋小商店＋企业微信＋个人微信＋社群＋各种私域＋搜一搜＋看一看，应该就能感受到微信生态的强大了。视频号的横空出世把微信生态中所有的环节都连接到了一起，完完全全形成了闭环。

如果你承认短视频是未来的趋势，那视频号就将是微信生态圈的最大流量入口，整个微信生态圈里存活的一切内容都要靠从这个口子进来的流量灌溉。如此重要的地方兵家必争，必须牢牢抢占，那些还在犹豫，前怕狼后怕虎的兄弟姐妹，也得闭着眼睛往下跳了。

但很多人依然觉得视频号和自己没关系。他们可能还没有意识到时代已经变了，从文字时代来到了视频时代，大家虽然隔着一块屏幕，但又回到了面对面的沟通。

以前很多商业设施，比如市场、商城等，都是在解决一个空间上的问题。但如今用视频的话，空间上的距离没有了，金融交付环节也很简单，物流前所未有地发达。所有的生意都由信息沟通、支付、物流这三个支柱构成，当这三个支柱全部改变后，做生意的方式就变了，一个新的商业形态就会崛起，消费会进入一个全新的时代。直播时代，或者视频时代，带来很大的变革，与每个人都相关，是每一位企业家面临的机会和挑战。每一个行业都值得用短视频重做一遍。

1 视频号的定位

做视频号如果只是想自己玩玩，或者是锻炼提升自己的技能，那大可不必多考虑，直接上手做就行。但如果你有想法，想做某个领域的 KOL，想靠视频号产生经济效益，那就得坐下来好好思考一下。

首先就是定位，所谓"定位不对，一切白费"，说明定位对于视频号非常重要。

定位首先要审视自己，你是谁？你擅长什么？你有什么与众不同的地方？你能够持续输出什么？视频号的个人属性非常强，自己都不能清晰地认清自己，想让别人接受你就更难了。

看看现在的大号，每一位都有自己鲜明的特点和风格，李子柒的那种原生态田园生活，一位看似柔弱的美女自给自足，画面清新自然，是现在大部分人都向往却难以过上的生活；房琪的旅行视频，文案具有很强的穿透力，画面也非常唯美……

有些号主刚开始做号就想着挣钱，这其实很困难。每一个做视频号的号主其实都要做好长期的打算，这是一场马拉松、一场持久战，需要很多方面的保障才能走到最后。

1.1 保持良好的心态

大多数号主其实并没有意识到，一路走过去，你会遇到很多艰难险阻，会遇到无人喝彩，怎么也不涨粉；会遇到内容荒，创作起来非常痛苦；会遭遇发展瓶颈，卡得你很难受。如果没有一个良好的心态，很容易半途而废。

在做视频号之前就要想好自己到底在哪个方面可以做持续的内容输出，这可能是要去创作几百集的事情，储备不足很快就会枯竭。

1.2 给自己的号精准定位

从大类去归纳有两种号。

一种就是直接打造个人 IP，以人为主，比如罗永浩。他发的内容并没有固定在某个领域，有时可能就是开几句玩笑。他的身份大家也有不同的认知，有人觉得他是个直播带货的，有人认为他是个创业家，有人觉得他是意见领袖，但这没什么关系，大家就认他是罗永浩。再比如李佳琦，大家都知道他是直播带货明星，但他视频号的内容却很少去讲直播带货，多数是讲美妆的话题，但这没关系，大家就认他是李佳琦。

这类号价值是很大的，它直接打造的是个人 IP，有着丰富的内涵。比如李子柒，她的 IP 的属性就是中华文化，所以她做螺蛳粉大家能接受，因为那是中华美食，中华文化的一部分；她做文房四宝，大家也能接受，那也是中华文化；她如果讲园林甚至讲武术、讲中医，大家都能接受，这些都是中华文化。

所以李子柒的商业计划进展特别顺利，天猫开个小店，年销售额很快就突破了 7 000 万元。不仅如此，她的个人 IP 在商业方面还有极大的想象空间。

这类号虽然价值很大，但显然做起来难度也非常大，对号主的要求比较高，必须显著与众不同。可能是相貌，可能是声音，也可能是内容，如果样样都好，希望就大了。一句话，就是要有点个人魅力。

另一种就是垂类的号，即以内容为主的号，越垂直越好，这样吸引来的粉丝非常精准，质量也较高。比如一些专业性很强的号，粉丝量看起来没有那么庞大，但商业开发做得非常好。

大部分号主更适合的是这个方向。每个人都有自己擅长的领域，在自己的领地里精耕细作，相对难度要小一点。

1.3 ◀ 明确做视频号的目的

做任何事情如果不清楚目的，那你永远也没办法做到最好。开个会如果不知道开会的目的是什么，肯定会跑题。目的明确了，行动才能精准到位。

大部分人做视频号都是想通过这个新兴的短视频平台放大自己的品牌、影响力、知识、经验乃至价值，连接更多的资源为我所用，从而创造商业机会，打造个人品牌，实现自己的目标。

那些把视频号当作创业机会的号主，如果明确了目的，就应该去制定相应的目标。没有目标的牵引，做事就会迷失方向，也没办法持之以恒有计划地做好一件事。目标也会反过来驱动你更加努力地奋斗。

1.4 ◀ 锚定目标人群

这群人是什么人？他们是一个什么样的群体？年龄分布大致是怎样的？兴趣爱好如何？主要居住在哪些城市？他们的职业是什么？这就是一个关注你的人的群体画像，有了群体画像，才能进一步去分析他们的喜怒哀乐，找到真正的痛点在哪里。这样你的创作就有了方向，就能让作品更契合受众需求。

1.5 ◀ 确定作品内容和形式

内容可以是干货，也可以是干加湿；可以是高大上的理论，也可以是实实在在的解决方案；呈现内容的方式可以多种多样，可以是口播，可以是vlog，还可以是剧情，看什么更适合你。总之生动有趣有营养就对了，让受众有看的欲望。

有人说我是知识输出，很难做到生动有趣，其实不然。你看罗翔老师就把一部刑法讲得生动有趣，另一位号主"硬核不软的班班"做的科普，用剧情演绎得很好。只要多动脑筋多研究，应该可以找到适合自己的方式。

这些表现形式各有各的好。口播的好处就是效率极高，录一个视频，剪辑一下，可能 1 小时以内就搞定了，这也是我口播至今最主要的理由。缺点就是画面比较单调，观众容易产生视觉疲劳。口播其实对号主要求极高，一个简单的单人画面要吸引别人一直看你是不容易的。

口播对内容的要求也极高，画面单调，就只能纯靠内容来吸引人。另外号主的镜头感、个人形象甚至声音也会产生影响，在镜头下从容地说出一长串内容其实也很不容易。如果不能在这些方面出类拔萃，没有任何个人魅力，口播号主要做到很好是不容易的，建议大家慎重用这种方式。

vlog 因为增加了外景画面，看起来比口播的画面相对更丰富，比较容易让受众接受，从创作的角度讲其实更容易一些。难的是拍摄和剪辑，这要花费大量的时间。

剧情从观众的角度来看可能最易接受，就是把你想讲的东西演出来，但创作门槛高，难度也大，编、导、演、台词都要求较高的能力。

1.6 ◢ 差异化

做视频号要思考自己的内容与现有赛道的视频号有什么不同。视频号创作要有自己的特色，如果从内容到形式上都同质化就很难有机会。

做好差异化，首先要多看多刷。相同领域的视频号要刷个上千条，重点视频要重点分析，可以对内容和一些数据都做记录并详细分析，筛选之后找几个对标账号，详细分析优劣，借鉴再加入一些自己的特色，慢慢积累直至超越。

1.7 让自己爱上创作

如果一开始做视频号就只是为了赚钱，会做得非常辛苦，效果也不一定好。我一直觉得创作是一件特别有趣的事情，它不像一些重复的劳动，而是每天都有新的想法，每天会生产出不一样的产品让这个市场检验，如果反响很好，会让你有更大的热情投入其中。只有当你爱上了创作这件事，你的作品才会有持久的生命力。

2 如何做好视频号的内容

要想出类拔萃，必须在内容方面下苦功夫。我一直坚持内容为王的观点，没有过硬的内容，一切繁荣都是海市蜃楼。

2.1 内容不能太个性

只讲自己的事情，那往往和别人没什么关联，内容要能够和别人产生关联。

　　早期我踩过这个坑，想当然地认为视频号就是一个大的朋友圈，还是和以前发朋友圈一样，发一些自己拍的旅行美景、美食、趣事，点赞还没有我发朋友圈多。后来我想明白了，视频号里看到你的人开始都是陌生人，你展示的这些极其个人化的东西和他们并没有什么关联，如果风景不是极美，食物不是特别稀罕，人们是不可能给你点赞的。

　　你的内容要和受众关联，让他们能从你的内容中获取些什么。比如"鸡汤"，看了可以滋养心灵；比如干货，看了可以学习一些新的知识和技能；比如搞笑，看完会觉得心情愉快；比如教训，看了可以避免采坑；比如解决方案，看了可以去解决问题。

　　还有就是要注意，视频号的受众是 C 端的，他们都是个体，有一些 to B 的内容就需要做出调整。我以前一直在线下开展培训，讲的是经营和管理，客户基本都是 B 端的，参加课程的对象都很精准，基本都是公司高层和中层管理人员。最开始我把线下上课的内容拿来讲，发现效果并不好。认真想了一下，我的视频号受众都是个体，他们当中很多人都不是管理者，也没有要成为管理者的想法，对专业的管理学知识不感兴趣，也不想学，当然就没兴趣了。

　　我开始尝试调整，好在管理学博大精深，涵盖很多学科的内容，比如心理学、教育学。管理中还有一个重要的板块就是培养人才，这和成长相关，于是我开始重新组织内容，讲一些心理学的观点、教育的观点，讲一些和成长、沟通相关的内容，讲一些自己积累的经验和教训。

调整以后，很快就收到了积极反馈，浏览和点赞数明显提升。于是我再接再厉，继续研究归类，多试几个方向，保留更受欢迎的，就在其中选题。

2.2 内容的方向

筛选以后我选了几个方向去做：

2.2.1 新的概念和思维

大部分人都渴望新鲜感，也都渴望学习新的知识，如果能把一个新的概念和思维适当地介绍给受众，是比较容易让人接受的。相关内容并不需要非常前沿，只要对大众而言是陌生的，对于他们就是新的。我讲了一些这样的概念，比如内卷化、用户思维、索取者思维等，都取得了很不错的数据。

2.2.2 有别于常人的思考和观念

每个人看到和自己固有想法不一样的观点一般都会留意，如果这些观点讲得好，可能会颠覆他固有的思维，令他记忆深刻，甚至愿意去转发宣传推广。其实这是一种典型心理，他希望他的朋友看到会觉得他与众不同，卓尔不凡。每个人都希望自己在别人眼中是独特的。我尝试过很多这样的话题，比如《控制成本是研究怎么花钱而不是省钱》《每天都很忙的人很多时候都是瞎忙，本质上是懒惰者》等。

2.2.3　教育成长

这个方向的作品有很多人关注：年轻人希望通过学习少走弯路；父母希望在教育孩子的过程中有更好的理念和方法，让孩子茁壮成长。中国的父母总是这样，愿意把自己所有的心血倾注在孩子的成长上。很多做父母的都不愿意在自己身上投资，但在孩子身上大投入眼睛都不眨，包括金钱、精力和时间。我在这个方向上也做过很多作品，比如《榜样的力量》《走出可怕的索取性思维》《好牛的妈妈》等，数据都很不错。

2.2.4　管理知识

每个人都会有自己的专业和强项，我本来就是研究管理的，在这个方向可以做的内容很多。关注我的人群中也有一部分人想学管理，我讲管理本来就轻车熟路，内容通俗易懂，和过去人们听讲这类课程的一般老师不太一样，大家显然更接受我的讲法。这个方向我做的视频很多，像《管理到底在管什么》大受欢迎，很多人听完都私信我。

一个号主的内容如果能够做到丰富多彩，这个号就会有持久的生命力。每个号主在做内容的时候还应该大胆地尝试，不要把自己局限在某一个领域里，为此我也做了很多努力，尝试了多方面的内容。

2.2.5　人物

怎么在一个短视频里把一个人刻画出来，让大家看完印象深刻？我尝试讲了刘强东、李子柒、黄峥等，反响都很不错。

后来做了一期《牛人龙东平》，尝试创新。当时我看到很多人拍有关人物的视频基本都是一种脚本：首先讲为什么推荐，然后分开讲三点。我不想按套路，就不讲三点，只讲他特别与众不同的东西。我总结了两点，一是他拍视频的时候总是把头伸向屏幕，很猛的样子，我设计了一句台词"他总是要冲出屏幕"；二是他创业十年，历经风雨，人称"滚刀肉"。这两点都很形象，也非常有识别度，让整个人鲜活起来了。这条作品虽然只是口播，浏览竟然达到近 20 万，传播非常广泛。

讲人物的作品一定要找到人物鲜明的特点，并使之形象化，让你讲的人鲜活起来，就成功了大半。

2.2.6 产品和品牌

视频号做起来了，早晚都会有接广告的时候。我尝试着去讲了一期元气森林，在讲的时候融入了我的个人特色，找了一个特别的角度，分析它为什么好卖，带出了用户思维，带出了唐斌森的游戏生涯，既有故事，又有知识，还让人记住了产品，这条视频也大受欢迎。

讲产品和品牌，号主应尝试结合自己的特点，这样的结合才能给人更深的印象。

2.2.7 社会热点

社会热点事件每个人都会关注，如果视频中加入自己独特的视角会引起大量的传播，我在这个方向上也做过一些尝试。比如高考的时候我做过《2020 我想对考生说》；美国大选的时候做了《特朗普的绝招》，浏览量一天就达到了 100 万；2021 年 1 月，疫情又起，上海也出现了 16 个病例，但上海用科学的治理方法在一周内就控制了疫情，为此我做了《上海效率》，这条视频也收到了很热烈的反响。

做此类作品要注意两点：一是要动作要快，不然炒冷饭就没什么意义了。二是能够提炼出一些大众乐于接受的观点，有时还可以加入自己的态度，传递一些情绪情感在其中。

2.2.8　情感

这个主题方向的作品受众面最广，人们似乎特别喜欢看。情感博主是受众最多的一类，他们的作品很多都是数千乃至数万赞，各项数据排行榜他们基本都要占据半壁江山。据我观察，几乎每个号主都拍过这方面的视频，因为在我们身边几乎每天都发生着各种各样的情感故事。我拍的第一条情感故事就是《相濡以沫》，到今天已经成了视频号情感领域的标志性作品。

2.3　内容的底层逻辑

做视频发布给大众看，其实就是在和大众进行一对多的沟通，只不过形式是视频而已。什么样的沟通顺畅？什么样的沟通让人难忘？什么样的沟通会让人去分享？这样的沟通一定是能够激发情绪直抵人心的。好的视频内容一定是满足了某种情绪的，调动了情绪才会让内容深入人心，这也是情感类博主大受欢迎的本质所在。

我看过很多财经博主的视频，流量最大的视频通常都是讲通胀、讲财产贬值的，为什么？因为这传达了一种情绪，就是担忧和恐惧。很多人都有一些资产，都会面临类似的问题，听完之后总是很容易感同身受，同时又觉得这些内容应该让自己的亲朋好友也知道，就会主动转发。

而看一些教育类博主的视频，很多是讲没有知识就会被别人降维打击，会越混越惨，这其实是在传达一种焦虑的情绪。情感博主也有大量的视频在传达焦虑，这种焦虑情绪一旦产生，也会让受众觉得这个内容很有价值。

当年就靠一则广告，两个小人跳来跳去，文案只有重复的一句"今年过年不收礼，收礼只收脑白金"，脑白金在全国大卖。这则广告其实制作成本极低，文案画面也没什么出众之处，之所以特别有效果，就是因为它深深地调动了情绪。这种情绪隐藏在每个人的内心深处，就是内疚。

大部分人工作很忙，很多人为了事业和发展背井离乡，空间的距离和时间的紧迫都让他们没有太多的时间和精力去关心父母。长年累月就会产生强烈的内疚，只是平时都会把它深埋在心里，当看到这个广告的时候，会很轻易地把这种情绪激发释放出来，有了这样的情绪，后面发生购买行为也就成为必然了。

　　人的大脑中通常都会有积极乐观的情绪系统和消极负面的情绪系统。积极乐观的情绪系统受到激发以后会产生快乐、幸福、向上的情绪，因此那些传达爱、演绎幸福甚至让你笑的作品都会有大量的人喜欢。消极负面的情绪系统受到激发会产生恐惧、慌张、内疚等情绪，这类作品同样会有大量受众。

　　我的爆款作品《相濡以沫》讲述的是父母的日常生活，短片一开始就有一条情感主线紧扣着"相濡以沫"的主题。父母一起买菜，一起路边休息，一起院里吃早餐，一起弄花草，一起做饭，一起散步，一起观风听雨，一口气用了七个一起把两个人恩爱的形象深深地刻画进了观众的心里，这样的画面会大大激发观众的情感。

　　进入21世纪，经济发展加速，人们的生活和工作节奏逐渐加快，忙忙碌碌之下错失了很多家庭生活的美好，尤其是伴侣之间，相处的时间越来越少。重压之下产生了很多焦虑，视频里的生活并没有什么难度，看似人人都能做到，但要真正做到，现在却成了一种奢望。

　　但人们永远也不会停止对美好生活的向往，对夫妻恩恩爱爱的追求，这让大家产生了很多遗憾和憧憬。我每天都可以看到大量的评论，有的人说看完痛哭流涕，有的人说这就是他向往的爱情。这些情绪的产生让人们特别喜欢这个作品，并不遗余力地转发给自己亲近的人，希望彼此能做出一些改变，希望自己也能和爱人这样相处。

还有一些人羡慕这样的老年生活，他们认为是子女为父母提供了这样的生活条件，这就会又激发起另一种情绪：孝顺。评论中可以看到有大量称赞我孝顺的内容。同时还有一些人由于这方面做得不够，会产生内疚。中国本来就是一个提倡孝道的国家，孝顺的文化根深蒂固，这条作品大火也就不足为奇了。

为什么那些低俗的作品会火？因为其中表现的那些荒诞、无聊的行为，成功地让人们找到了优越感，这种优越感会让人感觉自己高高在上，特别愉悦。

为什么一些抨击有钱人的作品会火，因为成功激起了人的嫉妒情绪；为什么骂男人的作品会火，因为成功激起了很多女人内心对男人不满的情绪……

把握了情绪，你也就把握了创作的真谛。

2.4　数据

微信推出视频号助手以后，我们可以更直观更精准地看到自己的数据了。这本来是件大好事，更何况现在已经是大数据时代，但很多号主对此并不关心，只是埋头做内容，从来不好好分析自己的数据，甚至看都不看。其实，分析自己作品的数据是非常重要的，通过数据分析可以很快修正自己的不足，找准改进努力的方向。

通过助手中提供的粉丝画像，可以知道关注你的基本是一些什么样的人，在哪个地区，男女比例如何，经济状况大致怎么样。这对于自己创作的定位还是有一些意义的，这些人是经常看你视频的人，创作出更符合他们胃口的视频非常重要。

视频播出以后可以看到五个数据：浏览、点赞、评论、转发和收藏，留意它们的变化也很重要。

浏览量的大小非常重要，流量之珍贵每个号主都能深切体会到。最大的流量话语权肯定是视频号官方掌控着，我们只能谈自己努力的部分。流量不大说明什么问题？说明选题可能太小众了，不是大多数人所关心的，曲高自然和寡，要在选题方面多下功夫。

按照视频号的社交属性来看，点赞还是一种变相的转发，非常重要。点赞少说明内容不能打动人，要继续在文案、剪辑、表达等方面下功夫。

转发可以让你的视频被更多人看到，也非常重要。通常人们转发的原因就两个：一是想分享给别人，让别人看到，可能是普罗大众，也可能是特定的人或人群；二是自己也想表达这样的观点，这种观点对他这样身份的人更有利。如果转发少，可能内容在立场和受众范围方面都不太理想。

评论是大家交流的平台，评论少说明内容力度可能不够，并不能触动大家的情绪，也没有槽点，还是趋于平淡。

收藏一般都是用户认为很好或者要用到，收藏量大的作品通常其他数据也不会太差。

数据分析做得好，会对你做号有很大帮助。

2.5 ▶ 表达

就录视频而言，在镜头前表达是有要求的，很多人的视频一看就紧张、僵硬。要克服这一点没什么灵丹妙药，必须多多练习。

还有一些人花了很多时间写文稿，录制时全文背下来，感觉非常不自然。其实，视频的表达应该是以口语为主，要尽量讲得亲切、自然。有很多号主和我探讨过这个问题，我通常建议他们首先要把写好的文稿撕碎，不看文案，用自己的语言去讲，可以想象对面坐着一个和你交谈的人。如果还是找不到感觉，就干脆叫一个真人坐在你对面。

短视频要在尽量短的时间内给观众留下深刻的印象，产生想继续看下去的意愿，不然手指一滑就刷走了。因此开头就要有鲜明的观点或者金句，想象一下我们看 007 系列电影，一开场总有一段非常精彩的打斗，你应该就能找到那种感觉了。

表达的主题要清晰，最好只有一个，让观众的注意力集中在焦点问题上。有些号主在一个视频中想表达的东西太多，往往会让观众不知道你到底要讲什么，从而把你真正想讲的东西也忽略了。

不要表达模糊的观念，这会让大部分人不知所以，只要观点鲜明就一定会有一部分人支持你。自己是怎么想的，就应该清楚地把它表达出来。

2.6 讲故事

我们在表达自己观点的时候通常都会运用事例，所谓事例就可以看成故事，所以讲故事的能力在视频拍摄中也非常重要。最重要的一点就是你能够通过语言重现场景，这就要求你表达的内容要有一些细节的呈现，可以是当时的场地，可以是天气，也可以是人物身上的一件衣服，甚至是一段音乐都可以。

讲的时候从语气到表情都应该充满信心，这种信心需要通过你的表现传递给观看视频的观众。这个时候不需要谦虚，如果这个时候还谦虚，会影响观众继续听下去的信心。开始时的语气也很重要，主要是要有力量，讲的过程中语调和语速可以适当变化。

讲一个人，最重要的就是能让这个人鲜活起来，他应该有一个具体的名字，这样很容易被观众接受。哪怕是瞎编一个名字也比没有名字强，有名字的故事让人感觉更真实，更容易接受这个故事。

很多人都低估了故事的力量，其实故事是最容易说服、感动、影响他人的。未来学家丹尼尔·平克说："让人活下去的不是食物，而是故事。"通过故事渗透出来的道理比纯理论的大道理更容易让人接受。

讲故事的核心原则是：中心是人，一切都是围绕着人展开的，而不是围绕事。只有描述人的故事才容易引起更多观众的共鸣，才能让人感同身受。

2.7 直播

视频号直播在 2020 年 10 月开通以后就迅猛发展，挂小商店、连麦、加小程序、推出白名单甚至可以发红包，用日新月异来形容它也一点都不夸张，近期更是有变化加速的迹象。

直播其实才是视频号门槛最低的一环，任何人拿起手机都可以直播，非常符合微信发展的调性。微信一直在倡导"人人都是创作者"，"再小的个体都有自己的品牌"，想象一下未来每个人拿着手机在任何地方都可以打开直播就让人兴奋。

直播的兴起很容易就让人想起电商，现在基本可以说直播电商才是视频号的大杀器，视频号这种基于社交关系推送的短视频和直播带货一结合，想象空间的确很大。

"一禅小和尚"这样佛系的号已经开始大张旗鼓地带货，

夜听直播间带货抽奖抽出了汽车，李筱懿直播卖书一晚上卖了180多万元，越来越多的号主投身于直播带货。直播带货和过去的零售方式相比到底好在哪里？从购买路径来看，过去买方从接收信息到发出购买指令的路径很长，卖方从产品生产出来到把产品送到买家手上的路径也很长，这样整个周期时间冗长，效率很低。直播带货让双方直接面对面，实时互动，路径短到极致，效率大幅提升，而微信本质上又是一个连接工具，会使直播如虎添翼。

过去的营销是被动的，信息发出之后，无法及时回馈，更多时间是在等待，很难连贯，更接近于一种单向的传播，没有形成闭环。而直播带货过程中的实时互动使双方的沟通直接、方便，随时可以根据情况作出调整，更容易渗透扩散到更大的人群。实时互动也使得双方有了更多情感的连接，更多元化的认知，也使双方的信任程度不断提升，甚至会让消费者产生共同参与打造产品的感觉。

现在喜欢在直播间买东西的人已经越来越多，直播的未来被普遍看好。但很多人甚至有企业家觉得这和自己没关系，他们可能还没有意识到直播带货背后是我们整个时代的改变——从文字时代来到了视频时代。视频时代最大的特点就是大家又回到了面对面的沟通。现在回头看很多商业设施，比如批发市场、购物商城等，其实都在解决一个空间上的问题。但在视频时代，空间上的距离没有了，金融交付环节就会变得简单，物流也会变得非常发达。支付、物流、信息沟通，所有的生意都由这三个支柱构成，当这三个支柱全部改变后，做生意的方式就变了。一种新的商业模式就会兴起，消费会进入一个全新的时代。直播时代或者视频时代，带来很大的变革，与每个人相关，给每一位企业家带来机会和挑战。每一个行业都值得用短视频重做一遍。

3 视频号到底解决了什么

做视频号以后我认识了很多朋友，可以这么说，我在过去10年间交的朋友加在一起也没有做视频号以后这一年多。平均每天都有超过100人来加微信，有很长一段时间，我每天晚上光回复信息"你好"就要花近2小时。

很多朋友在加了微信以后还会热情地寒暄，有的会主动提出要给我寄礼物。我能感受到所有人的热情，而他们就是通过一个个的短视频认识了我。

有时我出差还像以前一样会把自己的定位发出去，通常发出去之后就会有当地的朋友联系我。有一次在郑州上课，朋友想来见见，可是我没时间，上完课就要去机场。但这依旧挡不住他的热情，一定要赶到上课的地方来等我，并送我去机场，他说这样起码有一个多小时可以安安静静说话。

不仅是国内的朋友，通过视频号我还连接到了很多海外的朋友。海外关注我的朋友有几千人，他们之中有很多都是华人精英，有大学教授、金融精英、科技先锋、地产大鳄，每个人都很热情，很多人都邀我吃饭。感觉以后去多伦多、温哥华、悉尼、墨尔本这些城市，饭都吃不过来了。

所有这些故事都让我深深地意识到一点，那就是视频号解决了一个连接的问题，它让人与人之间的连接变得越来越容易了。在过去的传统模式下，我一辈子也不可能会连接这么多人，更不可能认识这么多牛人，我们的轨迹似乎根本就不可能交汇。但做视频号之后，尤其是当你的号做得不错的时候，很多人都在主动连接你。

有一天我接到了一条私信，某家大公司的工作人员说他们董事长看了我的视频很感动，委托他请我去公司上一堂关于孝顺的课。我说我没上过孝顺的课，他说没关系，看你的视频就知道你肯定能讲，讲什么内容随便你。我问讲多久，他说 2 小时，我说我时间宝贵，飞这么远只讲 2 小时不划算，他说你可以按一天收费。

还有一次我接到了深圳一所公立中学的电话，想请我为该校国际部高一高二的孩子们开一门课。这些孩子都是要出国读书的，特别需要学习一些人生和成长方面的课程，讲什么内容由我自己来设计，每周两节课。我婉拒了，理由是工作实在太忙，没办法保证每周固定时间上课。他们非常积极地做出了调整，说每周日晚上一节课也可以，我依然没办法保证。后来我推出第一期沟通训练营后，他们又积极联系我，希望购买我的版权课程，但我由于种种原因还是不能卖。我感觉非常过意不去，主动提出去他们中学现场给孩子们演讲一次，2020年年底的时候实现了这个愿望。

这些事让我有了另一个感悟，那就是视频号还解决了一个信任的问题。像这样什么都不需要了解，就让我过去上课，对于我们这些还不是名人的人来说，在过去是不太可能的。通常请你上课要先发一些个人资料，然后要看看上课的视频，有的单位还要和你通个电话鉴定一下，甚至还有要上门来试听的，这一切工作都是为了甄别。但有了视频号以后，他们可能看了你几十个几百个视频，对于你的价值观、水平、风格早已了解得清清楚楚，根本就不需要再甄别了。

视频号解决了连接＋信任，这太了不起了，解决了市场营销方面的大问题。以前做生意满世界跑，到处打广告，所解决的问题不就是连接吗？即使解决了也是被动的，看起来像到处求爷爷告奶奶的，而视频号可以让这么多人主动来连接你。以前做生意最终签合同一定是基于信任，在视频号背景下，因为真人长期和受众沟通，这种信任已经在沟通中产生。

因此视频号解决了商业中最重要的两个环节，实在是妙不可言。

4 做视频号的五个核心点

做视频号期间，自我感觉还颇有心得，总结了以下五个核心因素。

4.1 ▶ 定位精准

视频号的定位大概分两种。

第一种是以人为主，打造个人IP。这种号将来的价值肯定会很高，因为个人IP打造得难度很大。

我的视频号是以个人为主的，有时会讲教育问题，有时会讲管理问题，有时会谈生活问题，因为内容不同，所以作品看起来挺杂的。大家不一定记得我讲过什么，但是都知道我是萧大业，这就是个人IP。

为什么说个人IP价值很大？品牌带来产品和工业属性。比如李子柒，她是代表中华文化、中国生活的IP。她卖螺蛳粉，就代表中华美食，她卖笔墨纸砚，就代表中华文化。所以，个人IP的内涵要丰富得多，能开发的IP也非常多，把一个人立在别人的心中，这是不容易的。

第二种是垂直短内容输出。这种讲究定位清晰准确，选择擅长的细分行业，并要有长期打算，内容输出一定是一个长期过程。定位时，一定要考虑内容能不能长期输出。

4.2 ◀ 要有复盘思维

复盘能缩短人和人之间的思维差距，只要有复盘思维，这种差距就会不断缩小。吃一堑长一智，想把视频号做好就需要不断地去复盘。

4.3 ◀ 向高手学习

加入一些社群，认识各行各业、形形色色的人，多开拓交流的途径。不管任何领域，都应该保持向高手学习这样一种积极的心态。

4.4 ◀ 结果提前，自我退后

做号不是做给自己看的，不能自嗨。你要的结果是受众喜欢，所以"结果要提前，自我要退后"，把自我的意识打消。

4.5 ◀ 内容为王，运营相辅

我一直坚持认为内容为王。运营也很重要，但没有好的内容，怎么运营结果都是有限的，天花板明显。只有真正去花时间沉下心深度研究和交流，才能做出吸引受众，让人印象深刻的好内容。

第三章

CHAPTER 3

视频号基础篇

2018年我们开始接触知识付费,陆陆续续做了一些新媒体周边的线上培训项目。最初都是围绕新媒体人做培训,后来根据用户的需求调研,拓展了一些职场相关的培训。

做视频号的初衷是因为我们上线了Office软件相关的职场培训,视频号对我们来说是多了一个获取用户的渠道,于是我们在视频号做了一些尝试。也正是这次尝试,让我们体会到视频号的巨大力量。很多运营视频号的人都有体会,视频号引流过来的用户,对于博主的信任度更高,更容易产生付费行为,用户质量也比较高,这对于我们做知识付费的人来说无疑是好事。

在体会到一条视频涨粉3万+,引流微信1 000+后,我才下定决心投入更多精力到视频号。我每天会花较多时间去研究视频号的一些运营玩法以及算法等,慢慢总结出一套运营视频号的方法论。虽然视频号一直在改进,我们都还是初学者,但凭借这些经验,在不断的总结复盘之后,我把这些运营方法用到新的视频号中,也发挥了明显的作用。

后来我们陆续出了一些爆款,包括单条内容涨粉5万+的视频,4个十几万粉丝的视频号,另外还矩阵布局了一些其他类型的账号,比如英语、读书、音乐、职场等。做这些矩阵账号，是为了验证我的运营方法是否依旧有效，目前看来还是有不错的效果。

1 视频号是一个怎样的产品？

如果你打算去做视频号，或者你已经在做视频号，那你可以先花一些时间去了解一下视频号这个产品。只有了解了我们是在一个什么样的平台中活动，它的规则是怎样的，它想赋予用户的价值是什么，我们才能更好地理解视频号，才能更好地去做视频号的运营。

视频号是 2020 年 1 月微信团队推出的一个短视频平台，它既依托于微信的载体，又独立于微信，是微信生态中很重要的一个补充。

我们要理解视频号，首先得尝试去理解张小龙这个人。如果你不了解张小龙，没关系，但你一定要在做视频号以后多去关注他，关注他所说的话，关注他所有的公开演讲，你会从这些地方理解他赋予视频号的定位和价值观。

张小龙被看作产品经理中神一样的存在，而视频号是张小龙亲自操刀的一款产品，可以说是微信真正的"亲儿子"。张小龙身上表现出来的特质，很多会反映到视频号产品中。比如我们以往对微信的认知是克制，微信这个产品不论哪一次迭代更新，都会非常克制，这都被外界解读为与张小龙的性格有着很重要的关系。但在视频号里，我们可能会发现，微信以往的克制不见了，甚至变得有些激进。为什么视频号这个微信生态里的产品会一反常态？这个问题后面探讨。

那视频号到底是什么呢？

官方的定义，视频号是一个人人都可记录和创作的内容平台，也是一个了解他人、了解世界的窗口。

张小龙在 2020 年公开课上说："相对公众号而言，我们缺少了一个人人可以创作的载体。因为不能要求每个人都能天天写文章，所以，就像之前在公开课中所说的一样，短视频内容一直是微信要发力的方向。"

所以，我个人认为，从微信生态的角度来看，微信实际上是想通过视频号来丰富和完善自己的短视频内容和生态，弥补公众号产品上的缺失，这是一个核心定位。

另外，如今的两大短视频平台抖音、快手占据了用户越来越多的时间，短视频的沉浸式体验，对于用户时间的消耗越来越长，微信面临着很大的竞争压力。从用户总数上来看，微信已经发展到顶，没法再持续增加了，毕竟人口总数有限。

所以，微信最重要的策略是从其他两大短视频平台抢回一部分用户注意力，争取更多的用户时长。从这个角度来看，视频号就是一款抵御其他短视频平台的防御性武器。在目前抖音、快手的压迫下，尽管强如微信也倍感压力，而视频号必定会成为微信未来最核心的产品之一。

理解了这些，我们就知道视频号这个产品在微信生态当中是什么地位，它是微信的战略产品，可以说是微信在短视频领域最后的全力一搏。从视频号内测开始到现在，微信几乎所有能想到的资源都在尽量给视频号导流，这是前所未有的，视频号在微信生态里是最特殊、待遇最高的一个产品。

因此，对于创作者来说，视频号无疑就是未来 3 年内最值得投入的赛道之一，而且是大多数普通人能接触到的最佳红利。

② 为什么视频号更值得我们去做?

上文提到理解视频号这个产品的时候，我留了一个问题，为什么视频号一反常态，一点也看不到微信的克制? 微信的产品每次更新迭代都会有大量的考虑，迭代周期特别久，为什么到了视频号一下子就不一样了?

2020 年 1 月，视频号开启内测，一直到 6 月第一次大改版之前，这个产品依旧秉持着微信一概的克制理念，但从 6 月以后就加快节奏了。

6 月，视频号第一次大改版，顶部分为关注、朋友点赞、热门、附近四大信息流，账号之间互相可以 @。

7月，视频号再次改版升级，新增弹幕浮评和暂停以及支持卡片形式分享朋友圈。

8月，视频号发布视频号助手的内测。

9月，视频号接入搜一搜，视频号推广小程序上线，视频号助手全面上线。

10月是更新最多的一次，尤其是国庆期间，打通了小商店，支持30分钟以内的长视频，公众号页面开放插入视频号动态卡片，视频号助手上线了数据中心，等等。

11月，上线了朋友圈置顶视频号直播，当然，这个更新上线后负面评价比较多，微信又下架了。但目前已经优化后重新上线了，朋友圈置顶视频号直播用户可以自由选择关闭，并且可以直接关闭这个置顶推荐。

12月，发现页"附近的人"改为"附近的直播和人"，此后直播陆续都汇入了这个入口，视频号页面上方的直播在全屏式后取消。支持将视频号添加到个人微信主页，上线了连麦、打赏、美颜等功能，进一步完善了直播间的体验。

回顾视频号内测上线以来的发展变化，就会感受到视频号的节奏已经非常快了，这背后也反映出微信团队的焦虑。快手上市，抖音也会紧跟其后，如果微信还是不能依靠视频号在短视频领域夺回一席之地，那以后的情况就真的很严峻了。

抖音、快手目前已经过了红利期，普通人想要入局赚到钱已经非常难了，但视频号现在正是红利期，如果能抓住这个风口，毫不夸张地说，或许就是改变你人生走向的一个机会。视频号这个产品特别像2013—2014年的公众号，很多新媒体行业的大佬就是因为抓住了那一波的红利，才发展到现在的程度。其中比较杰出的代表，比如十点读书的林少，现在又带领团队押宝视频号。所以，视频号对于普通人来说是一个非常好的机会。

另外，我们在张小龙2021年的公开课演讲中也能找到一些关于视频号迭代如此之快的原因。

"很多人说视频号迭代的速度非常快，事实上，在微信推出的前两年，我们都是这个速度，后来有时快，有时慢，其实我认为做产品就是应该快的。"视频号的迭代速度在张小龙看来才是正常的。

3　如何申请视频号?

视频号目前已经全面开放，如果还没有发现视频号入口，可以升级微信到最新版本。

申请视频号比较简单，只要有微信就可以，一个微信账号对应一个视频号，直接进入视频号界面进行注册即可。在注册视频号时，需要填写一些基本信息，包括名字、简介、性别和地区，在创建账号主体的时候，可以选择企业号或者个人号。

视频号一旦注册就和微信绑定了，目前不支持解绑或者换绑。所以，如果你是给企业做视频号，就得提前考虑清楚。如果你不是创始人，那你的微信就不适合给公司注册，不然以后如涉及离职，视频号这个资产属于谁就比较难划分，我们也不可能把自己的微信给公司。所以，在前期注册的时候就需要提前规避这个问题。企业注册视频号，最好选择公司下属微信个人号或者创始人的微信号。

一个人能申请多少个视频号？

很多刚做视频号的朋友常常问到一个问题：一个人能申请多少个视频号？目前视频号和微信是一对一的关系，申请视频号的前提是微信需要实名认证。而一张身份证最多实名注册 5 个微信号，所以，一个人正常可以注册 5 个视频号。如果想要注册更多视频号怎么实现呢？

如果是公司旗下做矩阵账号，可以用员工的身份证去做实名认证并申请视频号，这样就能实现多账号矩阵的玩法。如果是个人，可以选择在注册满 5 个视频号以后，解绑任意微信的实名认证信息，换绑到新的微信上，再继续申请。解绑实名，之前申请的视频号不受影响，但建议最好是微信都有实名认证，这样账号安全性更高一些。

4 设定独特的名字和头像

一个好的名字会给我们带来很多自然流量，还能更高效地向用户传达你的账号定位。在视频号里，大家第一眼看到的就是你的视频号名字和头像，从营销的角度来说，一个好的名字能让别人迅速记住你，并留下印象，这样也会更利于快速建立双方的信任关系。

取名字有以下几个建议。

4.1 简单好记易传播

一般来说名称越短越好，正常情况下 2 ～ 5 个字就可以，不要太烦琐。如果是做个人 IP，最好各个平台名字保持一致。比如李子柒，她在全平台都叫李子柒，这样便于保持个人品牌的一致性。

另外，不要在名字里面出现过于生僻的字，有些人觉得这样看起来独一无二，比较酷，但实际上对于受众是不够友好的。因为用户去搜索账号是一个重要流量来源场景，一旦你的名字不好读，或者比较生僻，搜索这部分的流量就会损失很多。

4.2 避免占用品牌名

视频号早期，很多人会去抢注别人的品牌词，但这在视频号条款中是有明确规定的，即使你抢注了，别人也可以通过正当方式投诉你，官方就会清空你的名称。所以，在视频号里去抢注已有的品牌名称或者在其他平台已有的认证名称没什么意义。

如果我们起名的时候在名称里适当加入关键词，用户即便不知道你的账号名叫什么，但通过检索关键词就能搜索到你的账号，这样就会带来不错的自然搜索流量。所以，如果是做垂直内容号，就应该加入对应的关键词。

比如内容主题是 PPT，账号叫"每天学点 PPT"，这样用户在检索"PPT"的时候，账号就可能被优先看到。比如做英语教育，用户首先会去检索"英语"这个关键词，如果你的名称里面带有英语这个词，就有可能会被搜索出来。

另外，视频号名称一年只允许修改 5 次，所以大家一定要谨慎修改。头像和简介都是没有修改次数限制的。

4.3 名称强化账号定位

仔细观察会发现，视频号里面做个人 IP 的号特别多，你想让别人快速知道你是做什么的，就可以通过名称的方式让大家很快认识你。比如简七理财、主持人悦心、投资人张琦、两性女王赵格羽，这些名字都有一个共同点：个人昵称＋定位的形式。

这种名字的好处就是大家只看名字就知道你是干什么的，

然后在主页看到你的对应内容也还不错，同时符合你这个定位，那大概率就会去关注你。这样可以尽量降低用户的关注成本，让用户简单快速地了解你是做什么的，很重要。

当然，如果是企业账号，需要突出的就是品牌或者产品的名称。比如我们公司的主产品是公众号排版工具96编辑器，我们就会直接用96编辑器这个名字，再比如樊登读书会等。凡是为了宣传企业品牌的视频号，都可以直接使用产品或者品牌的名称作为视频号名。

注册视频号的时候可能会遇到一些比较常见的问题，比如怎么修改名字？视频号一年可以修改5次名字，每年1月1日重置次数。如果你已经认证过，就需要先取消认证再修改名字。

如果在注册名称时系统提示名字已经被使用怎么办？因为视频号名称具有唯一性，看到这个提示说明名称已经被注册了。如果这个名称是你自己的，你可以通过提交营业执照、商标注册信息等以及其他已经认证平台的截图去投诉，如果投诉通过，账号名称会被清空，你就可以使用了。

另外，微信平台对很多公众人物以及具有一定知名度的人的名字都开启了保护，创作者需要提供相关证明才可以通过，避免一些人滥用明星名字，侵犯他人权益。

除了视频号名称，一个好的头像也很重要，头像和名称同时展示给陌生人，决定了用户对号主的第一印象。一个好的辨识度高的头像能吸引更多人来关注你。头像可以选择真实照片，或者个性图案，还可以是品牌 logo。

比如做个人 IP，大多数人会选择去拍一张好看的职业形象照，这样给用户的感觉会比较好，很专业，又不失亲和力。企业类视频号大多会使用企业的 logo 或者品牌的 logo，也是对品牌的一直宣传。

选择视频号头像需要注意几点：

（1）最好和微信个人号、公众号保持一致的头像。做视频号最终离不开私域流量，而保持视频号、个人微信号、公众号三号头像一致，用户会从视觉上认知到这些都是你，因为都是同一个头像，从关注度和建立信任上来说也会更有效。

（2）不要频繁更换头像。视频号的头像一旦确定，最好不要随意更换。很多人换微信头像会比较频繁，做视频号的时候也经常更换，这样用户就很难有明确的认知。好不容易对你的头像有了熟悉感，你又换掉了，这其实是不利于和用户去建立信任的，从品牌角度看也是不利的。

（3）规避肖像风险

很多人在微信上喜欢用一些明星的头像，在视频号里也同样用明星的头像，这些在后期都会面临一定的潜在风险。别人现在没来找你麻烦，是因为你的影响力还不足以让别人来找你。一旦你这个号粉丝多起来了，影响力大了，那时候就比较麻烦了。所以，需要提早规避这些风险。

视频号开放初期，就有账号用张小龙的头像，发一些他的公开演讲，然后账号信息就被清空。明星起诉侵权的案例也很多，因此头像选择一定要多注意。

5 视频号的简介怎么写才更有吸引力?

视频号的简介是主页中很重要的一个信息，直接影响账号的关注率。用户从视频内容进入主页之后，首先就会看你的账号简介来进一步了解这个账号的信息。

在简介中要传达出至少三个信息:

1. 我是谁?

2. 为什么要关注我?

3. 我能提供什么价值?

比如我一位朋友视频号叫"顽皮的亭子"，他的简介是:

1　视频号【大牌包】改造达人

2　奢侈品【旧物易主】联络员

3　征集 & 拍摄【你与包的故事】

4　改包 | 寄售 | 投稿 请发私信

加 V 注明来意: Purework-

5 每周直播五天，点击【预约】跟亭子面对面交流

从简介中我们就能看出她是一个手工艺者，一个改包的达人，还可以做二手奢侈品包交易，关注她就可以看到很多大牌包改造的方式和效果。她能提供很多改包的相关知识以及满足用户改包的需求并提供咨询服务。还注明每周直播的时间，邀请大家在主页进行预约，这就是一个比较完整的简介了。

另外，还可以在简介中有所引导，如果你有矩阵号，或者想跟朋友做互推，都可以在简介中直接@对方。现在简介中可以通过@号主直达另一个号主的主页。

再举一个简介内容写得比较多的一个例子：

龙东平

CEO教练，中欧国际工商学院校友；已完成C轮融资3 000万美元，投资方包括IDG、蚂蚁、云锋、平安等，业务覆盖20个城市。

连续创业十年，一身滚刀肉；创业维艰，如履薄冰，我希望帮你变得更强，以看见世界的温柔，

每晚22点更新，面向0到6岁CEO，聚焦6个模块：

1.商业底层认知；2.重新理解人性；3.团队打造；4.品牌营销；5.战略；6.资本逻辑。

公众号"龙东平手记"，看爆款万字长文。

加微信pwc2345进入我的千人创业社群。

从他的简介中我们能看到他说清楚了自己是谁，并用一些知名的品牌、数据等作为信任背书，陌生用户看完就会觉得这是一个很厉害的人。

那么关注这个人能学到什么呢？简介中每晚 22 点更新的内容就已经介绍得很明确了，而且精准到给"0 ～ 6 岁"的 CEO 做知识补给。

龙东平是我认识的大号中做视频号最认真的一个，他的简介也修改了很多版本。最后结尾引导大家关注其公众号以及添加个人微信。这个简介可以说是很优秀的范本。

但实际上，大多数普通人是没有这么多优秀的简历信息可以展示的，所以我们只需要回答最开始的三个问题，能让用户快速理解这三点，那他大概率在需要的情况下就会关注你了。

简介也是一个展示公众号或给个人微信引流的很好渠道。以前个人微信是不允许挂的，现在微信官方已经默许了，这使得我们积累私域流量就更方便了。同时我们也可以在简介中去推荐别人的视频号，互相导流。

6　视频号如何认证？

关于认证，我总结了一些经常被问到的问题。

6.1 ◀ 个人认证和企业认证的区别

个人认证包括职业认证和兴趣认证两类。

职业认证适合对线下职业身份的认证，比如运动员、作家、演员等。

兴趣认证适合对线上博主也即我们大多数普通人的认证，比如美食博主、教育博主、互联网自媒体等。

企业和机构认证适合那些非个人的主体，比如企业、品牌机构、媒体、社会团体等。

6.2 ◀ 申请企业认证的要求

目前申请企业认证只需要有同名的已经认证的公众号即可，然后关联你的视频号就可以完成认证。如果你的视频号名称和公众号名称不一致，就无法完成企业认证，需要先改名字，视频号名称需要与公众号名称一致才可以认证。

如果没有公众号，需要在视频号助手后台提交企业相关资料进行认证，并缴纳 300 元认证费用。一个公司最多认证50 个视频号。

6.3 ◀ 怎么申请认证

进入视频号的主页点击右上角的个人按钮，在"我的视频号"里选择需要申请认证的视频号，再点击页面右上角，点击认证，选择适合的认证类型，然后按步骤操作即可。个人账号认证需要提前准备好个人主页的截图。提交完成后，也可以找对应领域的博主给你扫码辅助加速认证。但必须满足同一领域以及是你的微信好友三个月以上的条件，才可以帮忙辅助验证。

一般来说，不用好友辅助验证也可以，只是审核速度稍微慢一些。目前认证一般需要一周左右。

6.4 不同认证的图标有什么含义

目前视频号里总共有四种认证图标：

第一种是蓝色标志，这种都是企业认证的，代表企业账号。

第二种是黄色标志，代表已完成兴趣认证的个人账号，并且有效关注人数超过一万，或者是已经完成职业认证的个人账号。

这里的有效关注指的是正常的具有社交属性的常规个人微信号。这显然是为了限制那些刷粉刷数据的不良行为，即使刷到数量，也依然没法完成认证。

第三种是灰色标志，代表账号已经完成兴趣认证，而且有效关注超过 5 000。

第四种是白色标志，代表账号已经完成兴趣认证，有效关注超过 1 000。

另外，视频号正在推广原创计划，凡是参与原创计划的作者，申请认证的门槛已经降低到粉丝数 500 了。

视频号团队就是采用这种"打怪升级"的方式鼓励创作者，所以，正常情况下，只要粉丝数超过 1 000 都可以去申请认证。等粉丝数超过等级，也不用重新申请，系统会自动升级，图标也会自动更新。

6.5 怎么取消认证

有些号主之前认证了兴趣博主，后来又想换个领域，取消现在的认证，或者要换互联网自媒体，这也是可以实现的。可以通过主页在认证信息中删除自己的认证信息，然后再重新认证。

6.6 申请兴趣认证和职业认证的要求

申请兴趣认证需要满足以下条件：

1. 最近 30 天发送过至少一个视频号动态；

2. 视频号有效关注 1 000 以上；

3. 已经填写了视频号简介；

4. 在对应的领域持续发表原创内容。

很多人申请兴趣认证未通过，最常见的原因就是最后一条，对应领域发表的内容原创数量不足。尤其是一些搬运或者剪辑号，这种情况比较多。

申请职业认证，除了要满足最近30天发布过视频号、已经填写简介之外，还有很多不同职业需要提交的证明信息，具体可以在申请环节了解。一般视频号团队会建议你提交在职证明、职称证明以及作品荣誉证明等，来证明你的影响力。

6.7 申请认证后会有哪些权益

视频号申请认证以后，会获得一个特有的标识，就是一般说的黄V、蓝V等。另外，别人搜索的时候，你的排名就会靠前，比如前文提到你的名称中含有行业关键词，别人搜索这个关键词的时候，你的认证就会提高你的搜索排名，让大家更容易看到你。

另外，据视频号团队介绍，认证的账号发布内容会优先获得推荐机会，以及一定程度的流量倾斜，但实际看来，这种流量支持很小，主要还得靠号主自己努力。

认证的账号还有一个好处就是可以在视频号助手中绑定4个运营者，帮你运营视频号。这个功能比较实用，比如我自己的视频号有时候没空更新，只要给同事绑定一个运营，他就可以通过电脑端帮我运营、发布内容等。

6.8 如何提升认证通过率

很多人都发现现在视频号的认证审核非常严格，申请经常被打回来，原因包括原创内容数量不足、原创内容较少，或者申请的类型与内容不符等。

　　一般来说，真人出境做原创内容的认证通过率比较高，尤其是做垂直内容的号。如果申请认证被驳回，问题大多会出在原创内容不够这条上，尤其是很多剪辑号，这种内容性质比较难界定，审核也会相对较严。在打算申请认证的一个月内，最好保持内容有足够高的原创度，这样在认证的时候会更容易通过。

　　另外，很多人还会卡在有效粉丝不足的条件上。视频号目前对有效粉丝的定义是去除那些虚假的、可能是刷数据而来的粉丝，所以，新手在做认证的时候，尤其不要相信一些乱七八糟的平台宣传，快速刷粉、保证认证通过等，此类大多有"割韭菜"的嫌疑。

　　在我看来，有效粉丝是自然而来的一些关注，他们对我们的内容有过一些互动，比如点赞、收藏、转发、完播等行为，这类用户都可以称为有效粉丝。

　　一般刷来的粉丝都是直接关注，没有和号主的内容发生过任何互动行为。

　　另外还有一种情况，有些博主刚刚过 1 000 粉丝就去申请认证，这样其中可能有一些无效粉丝，或者系统还没识别到一些新关注的粉丝，就很容易导致认证被驳回的情况。

7 视频号助手

视频号助手是视频号团队官方提供的一款便于创作者电脑端运营的工具，在视频号助手端我们也可以实现内容发布、账号数据查看、动态管理等。

比如我们在手机端发送视频，对大小是有限制的，而且经常会被压缩，画质就会相对较差。如果你的视频比较大，又不想被压缩，就可以通过电脑端去发布，电脑端最多支持1G 大小的视频发布。

通过视频号助手，我们可以把视频号授权给其他人来运营管理，也可以通过视频号后台数据分析我们的视频号用户画像，包括粉丝群体年龄分布、地区分布、性别比例等，通过这些数据，可以更好地了解用户，从而调整内容的方向。

8 需要规避的"雷区"

视频号运营中有很多需要注意的地方，以下总结了一些大家比较容易"踩坑"的问题，注意规避。

（1）诱导用户。整个微信生态都有此要求，无论是公众号还是视频号，官方都不允许创作者去诱导用户分享、点赞、关注、评论。

比如要求用户转发内容、点赞评论，评论区点赞最高的前 N 位获得 ××× 奖励，这种就属于诱导用户。

但我们常用的在内容上通过箭头文字等形式引导用户关注的方式是不涉及违规的，因为没有任何利益诱导。判定是否违规，主要是看你是否对用户进行了利益诱导。

再比如，有的营销号会在视频内容中对用户说"关注我，今天第 ××× 位送 ××× 元红包"，这种就是明显的利益诱导，违规风险很高。

（2）刷量刷粉。刷数据从公众号开始就一直是微信生态的灰色产业链，微信官方也一直在严打。很多新手刚入门不懂，容易被这种刷量刷粉的中介忽悠，须知微信对于任何以非正常手段获取粉丝以及点赞评论的都会严肃处理。

（3）利用搬运内容强制广告导流。这在视频号中的影视号领域最常见，大多是通过搬运抖音的内容，然后在视频号下方放完整版引流，引流到小程序后用户要先看广告才能看完整版。目前这个套路已经被官方处理了很多，所以，如果正在做影视号或者打算做影视号需要避免这种违规行为。

（4）利用动态图文大量提及 @ 他人、带无关话题、恶意引流。这也是 2021 年底新出的规则，为了规范账号 @ 功能，以及话题的规范使用。很多用户为了蹭流量，就会在发布内容的时候 @ 很多大号号主，一条内容 @ 几个号主，带话题也能带几十个，这种现在都会被处理。所以，一般建议大家@一些熟悉的号主即可，或者@和你互推的号主。话题一般三个就够了，尽量带跟自己的内容相关的话题。

（5）视频号和微信账号是一对一的关系，很多人会直接使用新微信号去注册运营视频号，那么必然也会面临一个问题即微信号的使用和养号，如果不注意这些，很容易造成微信号被封。微信号一旦被封，视频号自然也就没了。

比如，很多人申请了新的微信号以后，因为视频号的推广运营需要，会进入很多社群，加很多人，或者大量引流到自己的微信变现卖货等。这些行为都可能造成微信号被封，好一点的短期封禁，严重的永久封停，这对于运营视频号来说是非常大的损失，搞不好就是竹篮打水一场空。所以，运营视频号的同时，一定要注意微信号的正常运营。

9 视频号里隐藏的运营小技巧

9.1 不让别人看你赞过的视频

因为视频号的社交推荐机制，你点赞的视频你的微信好友就会看到。有时候我们并不想让自己点赞的视频被好友看到，这个时候就有两种方法。

第一种方法，单击视频暂停后，选择私密赞，或者长按点赞按钮，选择仅作者可见，这样好友就看不到你点赞的视频了。

第二种方法，在视频号主页隐私选项中，选择"不让他看我赞过的视频"，选择通讯录里面的好友就可以永久屏蔽，此后无论你点赞什么视频，被选中者都看不到。另外，凡是被你设置了看不到你朋友圈的人，也看不到你点赞过的视频。

9.2 ◀ 不想看好友赞过的视频

随着我们微信好友的人数越来越多，很多时候社交推荐的内容并不是你感兴趣的，但这个朋友点赞的视频又常常会被你刷到，这个时候，我们可以在隐私中选择"不看他赞过的视频"，然后在通讯录中选择对应的好友，这样以后他点赞的视频你就不会刷到了。另外，凡是被你设置了不看他朋友圈人，他赞过的视频也不会推荐给你。

9.3 ◀ 不看某个博主的视频号动态

如果有的博主的视频你不感兴趣，但经常又会刷到，这时候可以进入该博主的主页，点击右上角的三个点，选择"不看对方的动态"即可。还可以在隐私中的"不看的视频号"中查看你都屏蔽了哪些博主的动态。

9.4 关闭个人名片上展示的赞过的视频

我们赞过的一些视频，会展示在我们的个人名片下面，但有些人并不想要这种展示，这个时候，就可以在微信中按如下顺序操作：我的 - 设置 - 隐私 - 关闭在个人名片上展示我赞过的视频。

9.5 如何参与视频号原创计划

视频号原创计划是平台为鼓励创作者坚持做优质原创内容而设置的一个功能。在视频号主页，点击右上方三个点就会看到原创计划，可以自主申请参与原创计划（见图 3 - 1）。

参与原创计划的好处包括：

（1）降低了认证门槛。正常认证最低门槛是 1 000 有效粉丝；参与原创计划后，最低认证门槛是 500 有效粉丝。

（2）原创内容推荐。在申请原创计划的时候，一般需要你选择对应的内容分类，方便平台对你的内容进行推荐，当然，在实际的测试中，很多博主发现原创计划带来的推荐流量几乎感觉不到。

（3）参与原创计划后，平台对你的原创内容会进行保护，如果有人恶意搬运，平台也会协助处理。

不过，一旦你参与了原创计划，代表着你未来发表的内容都应是原创内容，如果被检测出发布非原创或直接搬运内

第三章　视频号基础篇

容，会被平台取消原创计划资格。当然，博主也可以自己选择退出原创计划。

9.6 视频号中拉黑粉丝

做视频号的博主常常也会碰到一些"黑粉"，对待这种黑粉，可以直接将他们移入黑名单（见图 3-2），进入黑名单的人就不能再在你的视频号中进行互动。

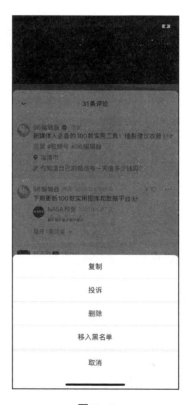

图 3-1　　　　　　　　　图 3-2

9.7 视频号内容页面三个点的功能

如果博主对某些视频内容评论要单独关闭，可以点击视频右上角的三个点，选择关闭评论。

如果想本条视频仅对自己可见，或者需要置顶某些优质视频，也可以通过右上角的三个点来完成设置（见图3-3），目前视频号支持最多置顶两条视频。

图3-3

第四章

CHAPTER 4

视频号运营篇

1 摸清视频号的推荐机制是有效提高播放量的核心

无论我们投身哪个短视频平台，搞清楚它的推荐机制，能帮助我们更好地运营账号。比如我们知道抖音的推荐机制，主要就是根据流量池的热度、完播率、点赞等数据，判断你的内容在第一个流量池是不是足够受欢迎，如果是，那就会继续推荐进入下一个流量池。

在视频号中，推荐逻辑与抖音不同，视频号的推荐机制是社交推荐＋个性化推荐的双螺旋机制。

抖音的算法是根据你的喜好推荐内容，而视频号的算法逻辑是：你朋友的喜好和你的喜好共同决定了系统推送给你的内容。甚至从一定程度上来说，是你朋友的喜好决定了系统推送给你的内容。因为在视频号中，大多数人刷的只有朋友那一栏的内容，其他栏的内容相对很少去刷。

社交推荐简单来说就是你的微信好友看了某一条内容并点赞了，那你在刷视频号的时候，就可能会刷到这条内容。如果你也感兴趣点赞了，那就会继续推给你的微信好友，通过这样的方式去裂变扩散。

视频号的点赞可以看作公众号文章的转发，传统新媒体文章要想出爆款，必须通过别人转发才能实现。而在视频号中，只需要点赞就能实现，点赞相比转发，对于用户来说更"轻"一些，更容易实现。个性化推荐就和抖音类似，根据我们的个人爱好标签推荐相关的内容给到你。比如，平台会通过动态内容的相关信息，如文字描述、话题标签、显示位置等，进行识别和推荐。

你也可以把视频号看作一个用私域流量去撬动公域流量的工具。只有前期通过社交推荐获得不错的数据后，平台才会给你流量，当你的内容进入官方推荐的流量池以后，官方的推荐会让你的内容热度不断上升，同时社交推荐这条链路依然有效，在不断进行裂变。在这样的双螺旋结构推荐下，就能让作品更快更高效地传播，同时又不失其本身的社交属性。

一条内容被点赞越多，后面的新内容点赞率就会越高。这该怎么理解呢？前期大部分的点赞是基于对内容的认可，等到内容点赞、播放到达一定量级的时候，即便用户对这个内容无感，也会去点赞，也会看完。

举个例子，萧大业这个号，目前头部的一条视频播放量已经接近2亿，而这是一个以个人IP为主的账号，这样的一条内容影响力非常非常大。可能很多人都看过这条以"相濡以沫"为主题的视频，当你身边的很多朋友都会谈论这条视频的时候，它已经上升成为一种社交货币了，它是你和朋友的谈资。

如果你还不了解，你也会去主动搜索，当你发现你的朋友都点赞了，你大概率也会点赞。因为人都有从众心理，身边的人都觉得好，那你潜意识中就会认为"我也应该觉得好"，这种时候，内容对你个人来说是不是真的好，已经不是那么重要了。

当然，我举这个例子是个例，一般来说不需要这么高的播放量，因为视频号内容存在社交推荐这个核心且独一无二的机制，你有一条点赞几千或者几万的视频，可能你身边很多朋友就都看过了，这个时候，它就能成为一种社交货币。

除此之外，在视频号中不仅可以通过点赞去触发社交推荐，把内容推给好友，还可以通过收藏的方式实现传播。也就是说，如果你收藏了某个内容，这条内容同样会推荐给你的好友。本节的内容主要是让大家明白，视频号本质上需要用私域流量去撬动公域流量，有私域流量的人去做视频号会更高效、更适合。

那问题来了，很多普通人没有这种资源，怎么才能实现用私域去撬动公域流量呢？

② 零基础快速冷启动视频号的四种方法

其实这个问题就是视频号冷启动的问题，也是大多数新手现在面临的一个问题。很多人会发现，自己发了几条视频之后，每条视频都只有几个赞、几百的播放，这样做久了之后，就会越来越没信心。

实际上，我们运营视频号，从选题策划、制作内容开始到发布作品，这些都只是准备工作，发布完成后，需要跟上相关的运营动作，否则极少有内容能主动扩散出圈的。视频号的推荐机制是你点赞才会推荐给你的朋友，你的朋友点赞才可能会推荐给朋友的朋友。

所以，当我们发布作品之后一定要及时去推广，推广的途径有哪些呢？

（1）自己点赞。自身朋友圈推广这是最基本的，如果你的好友足够多，朋友圈运营得也还不错，你做视频号前期的量就不会太少。

（2）私聊微信推广。其实我不太建议大家这么做，说实话挺招人烦的，因为你推荐的视频内容不一定是人家感兴趣的，有些人甚至会因为你频繁发而拉黑你。这属于在消耗自己的社交关系能量，不值得。当然，如果是关系比较稳定的，私聊推广也没太大问题。

（3）公众号文章推广。如果你有公众号的话，也可以把视频的内容插入公众号。现在公众号是支持视频号卡片直接插入的，这样也能给你的内容带来不错的播放数据。

（4）自己的社群，或者相关的视频号点赞群。

对于社群推广，有不同的看法，有些人觉得没用，有些人觉得很有用。我自己亲自测试后，觉得很管用，而且我也一直是这么做的。当然，这里说的社群推广与刷赞是不一样的。提到刷赞，我的理解是花钱找人去直接刷数据就行。公众号领域，刷数据一直是一个灰色产业，这和社群中互推点赞还是有区别的。

为什么这么说？因为社群中的人都是真实存在的，都有自己的社交圈、有自己的微信好友，而视频号的算法就是基于社交关系链来推送的。刷赞则是通过机器模拟或者一些批量群控手机去操作，那属于不具备社交属性的微信号，所以刷赞是无意义的。

回到普通社群中的点赞，这种方式到底有没有用？至少目前，在我的几个账号实践中，尤其是前期启动阶段，这些社群都有很重要的推动作用。当然，以上经验不一定就是完全正确的，大家可以根据自己的情况辩证对待，最好的方法不是听别人说，而是自己去验证，别人说的不一定适合自己。

社群推视频号内容，是目前我觉得能接触到的最好的方法。而且由于视频号现在的版本特性，发送到群里后内容的展示更丰富，标题一目了然。是不是能吸引用户点击，标题有着很重要的影响，而视频号本身也鼓励大家将内容分享到社群中进行互动。如果你有自己的社群，每天把视频号内容发到群里，发个红包让大家看看并点赞，都是可行的。如果你没有自己的社群，可以加一些高质量的互赞群，这样的群对于前期视频号内容推广会有很不错的帮助，对播放量提高也很有效果。

关于视频号点赞群有几点尤需注意，因为都是我遇到过的问题，大家也可以借鉴。

2.1 找高质量的点赞群

什么是高质量的点赞群呢？有严格的群规，活跃度较高，大家都是发完视频内容就跟着发红包，群友主动点赞报数，形成一种良好的反馈。我见过很多点赞群，有些就是大家一股脑发视频，然后互相@，我给你点赞了，还一定要求你给我回赞，甚至为了这种小事还能吵起来，这样的群对做视频号的人来说本身就是一种消耗，应该远离。

另外，大家要有心理准备，即便是在一些高质量的群，发完红包也有人领了不点赞，这种情况不必花时间去计较，没必要浪费自己的时间，能有大部分人点赞就很不错了，不要想着所有的付出都要得到回报。

如何找到高质量的点赞群？去视频号里找那些讲视频号运营的人，他们一般会建群；去知乎搜索视频号相关话题，也能找到相关博主微信，进视频号点赞群；当然身边有朋友带你进自己有的高质量点赞群就更好了。如果实在找不到，就自己建群找感兴趣的朋友进来。

2.2 ◀ 不能依赖点赞群

前面说到点赞群对前期的视频播放有帮助，但是如果想得到官方推荐，还是得靠内容，内容不好，找多少点赞群都没意义。点赞群只是给你一些起始的流量，只有你的内容不错，才能获得点赞群里这些人的通讯录好友的认可，继续扩散点赞，然后出圈。

另外，点赞群只适用于前期，后期一定是靠内容的，不然你的视频号肯定很难长久运营。无论在哪个平台，好的内容都会受欢迎。我的经验是起步头一个月可以通过点赞群去推，后面有一定的粉丝量以后，也有稳定的播放量了，就尽量不要去这些点赞群，除非你的某个视频感觉要爆，就去这些群里再推一下。

2.3 ◀ 不要在点赞群里求关注

点赞群里的流量都是比较虚的，人们对你的内容不一定感兴趣，只是因为你发了红包，或者出于其他不得已的原因帮你点赞。我们需要点赞的目的，是把视频号内容推送给他们的微信好友，这样他们的好友中真正对你的内容感兴趣并且认可的人就会给你点赞，然后循环、扩散。点赞群的意义是可以成为连接作品和用户的桥梁。

如果只是让人们关注你的视频号，而他们对你的内容压根没兴趣，早晚会取消关注。而且如果你关注一个号，但长期不刷这个号的视频，或者每次看到都会跳过，算法就会认为你对这个号不感兴趣，以后就不会推荐了。这就是我们所说的僵尸粉的来源，对运营视频号而言没有意义。所以，一定要用内容去吸引关注，而不是直接求关注。

③ 做好视频号数据分析，提高爆款概率

数据分析是运营的必备技能，它能给我们很多的反馈，让我们知道哪里要优化，哪里可以改得更好，哪个内容是用户喜欢看的，哪个选题是有问题的。

以前视频号助手还没上线的时候，我们常常需要手动记录一些数据，比如定时去记录播放、点赞、评论、转发、收藏、关注、赞播比、转发比、转粉率。这些数据能让你大概了解账号的整体运营情况，包括赞播比、转发比、转粉率等，因为这几个数据是没法参考别人的。你听别人说自己的账号这些数据转化是多少多少，你以为自己也差不多，其实不是。每个账号都不同，尤其是不同行业、不同类型的账号，这部分数据很不一样。如果说可以参考，也只能参考同类型账号的数据。

现在我们已经有了视频号助手这个工具，它能方便我们更高效地对账号的整体数据情况以及单条内容的数据进行评

估和分析。我们团队所有账号的后台数据几乎都要去关注，很多数据我们会自己算，然后记录。包括其他号主的爆款视频的一些数据，都具有一定的参考价值。

　　我总结了不同类型账号的爆款内容数据，对整个视频号中大多数爆款内容的转发率、点赞率等有大概的预估。当然，这些数据并不严谨，只是凭我们手里的这些账号以及个人的一些经验总结出来的，大家可以参考借鉴：

　　　　爆款内容的一些预估数据：

　　　　点赞率：2%～3%

　　　　转发收藏率：0.3%～0.6%

　　　　关赞比：20%

　　视频号上线初期，大多数内容在3～7天这个时间区间会出现一个流量高峰。这个区间其实并不固定，我这样估算是因为总结了我们的所有爆款内容，差不多都会在这个区间出现流量高峰，有时候提前或者推后一天都正常。所以，我们经常会发现一个内容发出去大概一周之后，突然就火了。甚至有博主对我反馈，一个多月之前发的内容突然爆了。因为视频号的长尾效应是其他平台没法比的，所以，不论后期这个流量峰值怎么变化，一定要重视其长尾流量，多观察数据变化，及时调整策略。

　　还有些博主经常问我，数据很差的视频要不要删掉？会不会影响权重？首先删掉自己的视频是不会影响权重的，如果你的视频主页整体数据都比较好，那么进入你主页的陌生人大概率是会关注的。因为人都有从众心理，觉得大家都在关注的、数据好的号一定整体都不错。如果进来就看到你的账号主页视频都是几个或十几个点赞，可能就会降低关注率。

做视频号一定要总结自己账号中那些爆款内容的数据情况，看每天的点赞率、转发收藏率都是多少，什么时候开始上升，什么时候开始下降。通过以往爆款的这些数据，我们就可以去预测新发出的内容是否具有爆款内容的潜质。当然，上面给出的数据，都是大多爆款内容能达标的数据，也就是说，至少要达到这个数据目标，你的内容才有可能成为爆款，如果没达到，大概率是不行的。

所以，除了做内容之外，我们应该多关注数据情况，多分析数据背后的东西，数据能给我们很多指导性的启发。

就日常发送的常规内容而言，我们可以看播放和点赞以及转发这几个数据。如果a、b两条视频播放量相近，a视频的点赞和转发都高一些，说明什么呢？说明b视频的内容没有a视频的内容受用户欢迎，从点赞和转发上能直观反映出来。点赞和转发代表的是对内容的完播和认可，尤其是转发，因为只有我极其认可你的视频内容，才会看完之后转发。所以一般转发的比例是非常非常低的，爆款视频一般都是转发率高。回头来看为什么二者播放量差不多呢？这也说明b视频虽然点赞、转发不如 a 多，但是标题起得好，有吸引力，所以大家点开看了，但是看了发现并没那么好，所以不去点赞转发，数据自然低一些。

通过这样的数据分析，我们就知道 a 视频需要优化的是标题，以及视频开头的前几秒，一般视频的前几秒吸引不了人，那就留不住用户。而 b 视频需要优化的则是内容。

以上只是举了一个简单例子，其实通过数据还能看到很多东西，在运营视频号的时候，一定要多思考数据背后的意义。不要只盯着播放量今天多了明天少了，是不是机制不给推荐了，是不是哪里有问题了。问题肯定是有的，但是你得学会找出问题，而数据分析就是找到这些问题的最好办法。

④ 视频号引流私域流量的 6 个秘技

4.1 ▶ 通过扩展链接引流

视频号无论怎么玩，一定离不开公众号。在运营视频号的同时，一定要搭配公众号、社群、小商店、直播一起玩，视频号独立运营，价值不会太大，但如果结合这几个，视频号就会成为一个放大器。以前很多尾部公众号运营者可能写一年的文章才能涨粉几百上千，甚至很多还是一直掉粉的。但现在，通过视频号，可能一个月的涨粉量就是之前一年努力的结果，甚至还会带给你很多未知的惊喜。而且视频号现在支持绑定公众号，公众号页面也能展示视频号，这种结构打通会让视频号之间连接更顺畅，未来有更多的想象空间。

之前很多博主问我，新手应该注册什么样的公众号？如果有可能的话，建议大家一定要注册和你的视频号同名的公众号，这样用户后期搜索或者通过视频号直接关注、引导转化的效率都会更高。至于注册服务号还是订阅号，可以根据需求自行选择。

我们自己注册的大多是订阅号，因为要每天更新内容到公众号，后期还有一些其他的规划，服务号满足不了需求。服务号的好处在于，它是直接在我们微信的首页列表显示信息的，尤其当你的视频号头像、公众号头像都是真人或者形象照之类，很多用户收到你的公众号信息就会像微信好友一样交流，用户触达率会更高。而且服务号后期也可以开发，也有很多接口，可以直接通过服务号和用户对话聊天，等等。所以，要根据自己的需求选择对应的公众号类型。

视频号是如何与公众号连接起来的？目前视频号和公众号已完全打通，绑定公众号后，在视频号主页和直播间都可以直接关注公众号。最常见的方式是通过视频号插入公众号文章链接，这个链接必须是已经群发过的。关于视频号到公众号文章的转化，我们测试了很多账号，实际上转化率整体是比较低的，当然主要与内容有关，但总的来说还是低。所以，需要从各个方向去引导，比如通常可以在视频结尾的时候口播引导点击视频下方链接，私聊帮用户解决问题或者答疑，或者给用户某种福利放在视频下方的链接中，这些都需要在视频中告诉受众。

另外，也可以通过视频下方的文案来提醒受众点击文章。当然，如果你的内容本身就适合埋伏笔或留个悬念，或者视频本身就是一个简介，想要具体了解就要看视频下方的链接，这些都会有助于用户打开链接，具体就看我们如何设置。

个人号的引流也可以放二维码在公众号中，用户看了推文以后加个人号，当然加个人号一定是有目的的。你必须给用户一个加你好友的理由，比如"每天学点PPT"是加好友后会邀请用户进一个免费PPT打卡群，或者领取某种福利，以及有任何相关的疑问都可以加好友咨询。通过这类方法，目前我们每天加好友80～100左右，有爆款视频的时候会到好几百，还要换号，因为基本都会加到限制数量。

如果大家账号做得还不错，粉丝量也不少，经常会面临一个问题：微信号会被加到数量受限，这实际会浪费很多精准流量。可以采取很多小技巧来避免，比如活码、简介里留QQ号、切换绑定微信以及文案中引导关注公众号，再添加好友，随时可以更换二维码。这样，通过公众号链接可以实现很多功能，不仅可以引流到个人微信，想引流到小程序，在文章里插入小程序即可，想卖课直接详情页加购买二维码即可，想引流进群放上群海报二维码即可。

4.2 视频号简介引流

在第三章关于视频号简介的优秀案例中，可以看到目前能在简介中展示个人微信号以及公众号名字，这样用户进入主页想要添加你的微信，就能快速找到。视频号刚开始内测的时候不支持简介放微信，放微信会被判定为违规行为，但现在官方已经默认可以去通过简介引流到微信了。简介中的微信号原则上要易于用户记忆，搜索成本太高，就会造成流量的损失。

比如我们自己有一个号，专门买了一个很短的 QQ 号：961818，这个号就很容易记住，我们在简介中放这个微信号，用户很容易记住并搜索。有的号简介中展示的微信号很复杂，很难记住，而且简介里的微信号又不支持单独复制，这样用户搜索就变得很麻烦。这种细节上，要牢记一个原则：尽量降低用户加好友的难度，转化率就会提高。

4.3 视频号私信引流

我们经常会看到很多视频号博主简介中引导用户去私信回复一个数字，诱饵可能是一些虚拟的资料包等。用户回复相应数字后，就会被引导添加号主微信，进而引导进群。这种是引导用户主动触发，号主来回复微信。这种情况下最多可以一次向用户发三条消息。当然，每天新关注的粉丝，也可以主动给他们发消息，引导关注微信，不过这是有限制的，差不多一天30个左右，系统就会提示操作过于频繁了。

如果你每天粉丝增长比较慢，就二三十个，那你就可以花些时间主动私聊，引导他们加你微信，日积月累也会有一些精准用户加你的微信。当然，引导添加微信一定要有诱饵，直接让人家添加微信，转化效果就很差了，比如上面说的用电子书等虚拟资料的方式引导添加微信。如果是做视频号运营，可以用视频号运营资料包或者课程作为诱饵；如果做旅游号，可以用旅游攻略等作为诱饵。不管做什么类型的账号，都需要找一个诱饵，这样才能提高加粉到微信的转化率。

4.4 ◀ 评论区引流

目前视频号的评论区也可以放微信，引导用户添加。第一种是发完文章后，自己留言，然后再去引导添加微信。第二种是等文章有热评以后，去置顶的热评回复，引导用户进入主页联系你，这样也可以实现引流微信好友。

4.5 ◀ 直播间引流

视频号直播也算是高效引流微信的方法之一。直播期间，可以通过很多方式去引导用户加微信、进微信群等。

（1）直播间提前打印 KT 板或者 A4 纸打印进群二维码以及个人微信号二维码、企业微信，等等。

（2）直播期间，博主可以直接口播引导添加微信。这时候就需要一个很好记的微信号，比如前文提到 961818 这个微信号，在直播间引流就很方便。

4.6 直播间公众号引流

如果视频号和公众号完成了绑定，直播间默认引导用户关注公众号。当用户在直播间关注公众号后，可以通过公众号的菜单栏自动回复，完成引流。

5 跟京东学运营企业类视频号

很多企业类的品牌号不太会运营视频号，我经常分享京东的一个案例给有需要的人，这也是我看到的做得比较好的一个案例。京东的官方号结合社群，把视频号运营得很好，而且它的玩法很多类型的号都可以借鉴。

5.1 创建粉丝群

首先京东在开始运营视频号的时候就建了很多粉丝群，这些群的粉丝一部分是由视频号引流过来加入的，一部分是本身的私域流量。

5.2 ◀ 社群里发布活动规则

有了这些群以后，京东的运营开始在群内做抽奖活动。抽奖活动成功的条件之一就是诱饵要足够有诱惑力、普适性高、实用，京东在奖品的选择上都遵循这些原则，因此对用户来说很有吸引力（见图 4 - 1）。

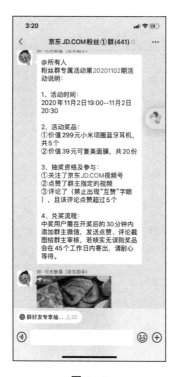

图 4 - 1

这个抽奖活动的参与条件是：

（1）关注京东官方视频号；

（2）点赞群主每期活动指定视频；

（3）评论活动视频，并且评论点赞数大于 5。

为什么要评论点赞数大于 5 呢？

（1）用户留言之后，想要拉赞必须分享转发给好友，然后给自己的留言点赞，这样就会让内容被分享出去，被分享的用户同样有可能被带动来参与这个活动。

（2）群内也可以互相点赞（见图 4-2）。为什么不禁止群内互相点赞？大家互相点赞，那视频号内容不就没有被分享了

图 4-2

吗？这是常规思维。实际上，群内成员互相点赞有一个好处，当你要给群内好友评论点赞的时候，你会发现，你光是在评论区找他的那条评论都要翻好久，可能你一次要给若干群友点赞，那会翻得更久。在这个找评论的过程中，视频的完播率就会提升很多，甚至复播率也会上去，这样等于大部分的用户对你这条内容点赞、评论还看了好多遍，这个权重是不是就会很高？

5.3 ◀ 抽奖及开奖

群内抽奖是通过第三方小程序抽奖助手来实现的。小助手会在群内不断提醒大家参与活动，不断提醒有什么奖品，刺激群内用户更多地参与进来。

开奖倒计时。快开奖的时候，半小时以及临近 3 分钟时反复提醒用户参与抽奖，以及确认自己的评论点赞数量（见图 4 - 3）。

我在体验参与的过程中，因为开始的时候已点赞评论，自然就想着被别人点赞。快开奖的时候，因为群里小助手的提醒，我去看了一下，发现评论点赞数还差两个，于是立刻找了两个手机给自己的评论点赞。

其实很多普通用户参加活动也有和我一样的心理。但是因为最后的提醒，我们会觉得既然已经参与了，暂时条件不符合，就抓紧找人赞一下，万一中了呢！要是因为不符合条件而领取不了，那就很难受了。

图 4 - 3

所以，通过社群完成视频号的活动，还能以运营手段去干预，让用户更多参与进来，是一个很不错的视频号运营方法。

另外，我们常常看到有些用户会在视频号做一些点赞抽奖活动。这种活动本身就是有风险的，因为视频号规则中明令禁止不允许诱导点赞评论等，一旦有人举报，这种活动一般都会被限流，甚至违规警告。

但如果像京东一样，把这种玩法放到社群中来，不但不会违规，效果还更好（见图 4-4）。首先，大家分享出去找好友点赞，内容得到扩散。其次，群内互相点赞，翻评论就要很久，完播率提升。这种玩法的流程是：

（1）组建粉丝群，利用视频号和本身私域流量；

（2）群里做活动，发布活动规则、奖励诱饵；

（3）关注京东视频号，点赞评论指定内容；

（4）抽奖通过第三方抽奖助手完成；

（5）开奖前再次提醒，快达到要求的还能再转发分享拉一波数据。

图 4-4

6 线下商家利用视频号宣传
引流的实战玩法

对于线下的商家来说，比起传统的公众号、传单、分众广告等宣传方式，视频号宣传扩散速度更快、效率更高。

我们做的一个本地美食号"大淄博美食"，主要服务于本地商家，经常帮商家通过视频号去策划一些宣传活动。比如有家商场的新店开张，我们策划了一套新店开张的宣传活动，整个流程很简单，但活动效果比公众号宣传好得多。

首先我们给商家拍摄一个宣传片，包括店内的产品、亮点介绍，然后配好文案，再剪辑成品视频并发布作品。为了达到更好的宣传曝光效果，在视频发布后，我们在本地的粉丝群大力推广视频内容，以便视频能通过社交机制去裂变。然后设计了一个新店开业点赞评论免费送冰粉的活动，凡是到店的用户，只需要扫码给置顶的视频点赞评论即可免费获得一碗冰粉（见图4-5）。扫码点赞这个动作对于到店消费的用户来说非常简单，没有任何压力。但因为视频号的社交推荐机制，这会帮助我们更好更快地传播。视频号的内容是店里的菜品介绍和美食博主的测评，大部分用户会观看视频，顺便选择自己喜欢的菜品。

传统的通过公众号或者其他途径开展的活动，需要用户转发文章或者海报之类到朋友圈，甚至需要集赞，这些对用户来说都太"重"了，会有一定的社交压力，效果就会大打折扣。但通过视频号做这样的活动，用户没有压力，同时又在自发帮助我们宣传推广，到店体验满意度也更高。当然，这个活动只是通过视频号结合线下的一个简单玩法，线下商家通过视频号实际上可以做很多事。结合社群、直播专门做本地区域的视频号内容，引流到店率会比传统方式更高。

图 4-5

这样的案例还有很多，比如商场搞活动宣传，传统的方式如在商场入口通过送气球或小礼品，引导用户转发朋友圈，而现在只需要将这种形式改为引导用户扫码点赞即可。再比如大学每年都要做一些推广宣传来招生，如果通过视频号去做学校的宣传，受众很快就能扩散到全国各地，还会为学校节省一大笔宣传经费。

传统企业以及线下商家能玩转视频号，就会节省很大一笔费用，也能通过视频号以各种形式的活动带来为数不少的到店用户。

第五章

CHAPTER 5

视频号涨粉篇

① 视频号涨粉的 10 种有效方法

1.1 ◢ 社群、朋友圈引流

在做视频号引流之前，一定要有充足的准备和精心的设计。设计一张精美的宣传海报，海报中除了你的视频号二维码，还要让别人通过这张海报快速明白，关注你这个号他能获得什么，对他有什么用。要给用户一个关注你的理由，而不是拿着二维码到处发，那样没几个人会关注。做好准备工作以后，可以去自己的社群和朋友群推广，配上文案，推几次大概就能把社群和朋友圈中对你这个号感兴趣的人筛选出来了。

自己的社交圈筛选完了，可以继续去别人的社交圈引流，和别人进行互推。比如两人微信粉丝数差不多，或者社群粉丝数差不多，互相推荐一下，这样就可以相互引流了。如果好友数量不对等，可以根据数量定推广次数，比如你的好友数 1 000，别人好友数 2 000，那你推两次就可以了，互相也不会太计较。前提是一定要真诚互推，不要有任何虚假的不真诚行为。

1.2 公众号引流

如果你是公众号运营者，并且有一定粉丝，可以在公众号去推自己的视频号，方法已经普及，照标准玩法执行就好。可以直接把内容卡片插入公众号，也可以放自己的视频号二维码。比如"夜听刘筱"开始做视频号的时候，经常在头条文章结尾给视频号引流，除了他的内容不错，带来了一定的粉丝外，从公众号过去的相信也占比很高。此类还包括目前视频号体量较大的"一禅小和尚"。

所以，有公众号资源的一定要利用起来。我们开始做公众号的时候，公众号互推是一个非常有效的涨粉方式，现在虽然效果没那么好了，但大家依然在用这个方法。视频号在公众号里互推还是一样的方法，既可以一对一互推，也可以多对多互推。

比如你有个公众号，头条平均阅读稳定 1 000+，那就找个和你头条阅读差不多的号互推就行。如果量级不对等，根据实际平均阅读合理更换位置或者推送次数就行。如果别人的号大一点，次条和你头条阅读差不多，那就换次条。如果头条是你两倍，那他推一次，你推两次，这样也可以实现目的。多对多互推也是同样的道理，一篇文章里进行多个视频号的推荐，要注意的是同一次推荐中不要有同类型的号主，最好都是不同类型的，推荐数量也不宜过多。分量排在靠后的，推广要求低一些就行，共同协商处理，这就是从公众号引流涨粉的方法。

1.3 视频号互推引流

前文提到公众号刚开始时互推是一种常用的涨粉方法，在视频号中仍然可以互推。我们在做视频号初期，用自己的两个号做过一次互推，效果还不错，一次互推大概能涨粉150 ～ 200 左右。那时还没有 @ 号主的功能，我们的互推方式是在视频中植入，直接口播介绍然后告诉用户搜索视频号名称去关注。但实际上，这种互推用户的关注路径很长，关注阻力也很大。用户需要在看完视频后，返回顶部，然后下拉，再去搜索视频号名称。这个过程就会流失一部分人，另外有些用户甚至不知道去哪里搜索视频号。所以，这类互推我们后续就没再做。

现在的视频号版本有 @ 视频号主的功能，号主在评论区留言，通过名字也可以直接跳转主页，为视频号主互推提供了一定的便利。同样的互推，一次涨粉至少两三百。当然，这个数据是在双方都有一定的粉丝基础条件下实现的。现在互推的时候，在文案区同时 @ 号主，用户如果想关注，只需要点击号主名字直接进入主页关注，方便了很多。而且一般互推后，被推的号主也可以主动积极留言，利用留言的功能提升互推涨粉数量。用户还可以通过点击评论区号主的名字直接进入主页，这样无论是关注效率还是效果都会有很大提升。如果你同时运营几个号，每天发布视频的同时，可以几个号互相@，文案中略带引导，也会有不同程度的引流效果。

1.4 视频号评论区引流

视频号评论区引流的玩法很多人可能都见过：视频号主在别人的热门视频下方留言，其他人在看到留言后点击视频号名字，就可以直达留言者的视频号主页。很多视频号留言区的点赞量都不高，想要快速置顶自己的留言，只需要找一些朋友给自己点赞即可。这种热评在很多爆款视频下方都会有不错的曝光和引流，有很多人已经在这样做了。

当然，前提是你的评论一定要与相关内容有关系，留言质量也要相对较高，后续的用户才会给你点赞，否则可能号主就会直接删掉你的评论。记住，不要去赤裸裸地引流。还有一点特别重要，视频号主页图需要精心设计，简介也需要用心打磨，这样引流过来的用户才能快速了解可以在你这里获得什么，不然引流过来意义也不大，别人看一下就走了。最重要的还是有好的内容，才能留住用户。

怎么找到这些可以留言引流的爆款视频呢？

爆款其实是相对的。一般点赞比较稳定有好几百的，这种号内容更新稳定，相对容易出爆款，就算没有爆款，也有不错的曝光。看到这种号，观察一下博主的更新时间，然后去留言集赞就行。如果一个号的内容都是几个点赞，就没必要去留言了，这种号本身也没流量，出爆款更难。另外也要有针对性地留言，尽量找与你的账号用户属性比较接近的账号去留言。比如我是做 PPT 的，可以去找一些读书类的账号，或者职场属性比较强的账号，这类账号的粉丝属性就和我比较接近。

1.5 ◀ 第三方平台引流

除了利用微信生态内的流量，我们还要主动去找微信生态外的流量，比如知乎、b 站、今日头条、简书等。我在视频号内测初期就去知乎回答一些热门的视频号相关问题，在文章中也提到了我的视频号，还有一些截图等。用户在看回答的时候，如果觉得我运营得不错，自然就会来关注我。

可以在知乎搜索一些与你的视频内容相关的问题或者视频号相关的问题作答，然后植入自己的账号信息。这个途径的好处在于，每天引流量虽然不多，但比较稳定，而且长尾流量比较多。

1.6 ◀ 直播涨粉

视频号目前在大力推直播，从最开始只有关注页的直播，到现在直播有独立入口，可以说是一种非常重要、明确的信号：直播和短视频同等重要。我们在做视频号直播的时候，一个核心目标就是要引导大家更多地转发分享朋友圈，把别人朋友圈的流量引到直播间，然后再引导关注我们的视频号。这在未来会是一个很高效的涨粉方式。另外，目前视频号直播中，未关注主播的用户在进入直播间后，凡是停留一分钟以上，左上角主播名字旁边就会出现一个关注按钮，这样能方便直播间用户关注，提高关注率。

1.7 连麦引流

连麦引流虽然可以归到直播引流中，但实际上也算一种独立的引流方式。目前的视频号直播中最多支持 6 人同时连麦，在连麦的时候，用户在直播间可以点击对应的连麦嘉宾头像进入其视频号主页，当然前提是连麦嘉宾以视频号的身份进行连麦。未来视频号可能会支持 9 个人同时连麦，这也会成为互相引流的一种便捷方式。在连麦过程中，发言的嘉宾头像处也会有明显语音图案，方便区分谁是正在发言的人，用户可以快速关注和打赏对应嘉宾。两个主播在连麦过程中也可以进行 PK，带动双方直播间的粉丝进行互动和打赏。

1.8 打赏引流

直播打赏引流是其他短视频平台比较常见的一种引流方式，在视频号直播中也同样重要。凡是对主播进行了打赏并且排名比较靠前的，主播一般都会表示感谢，并引导大家进入热度榜对打赏的博主进行关注。这种涨粉方式目前在视频号中看也是有效的，但与其他短视频平台相比，导粉效率还有些差距。值得一提的是，在视频号里打赏并不集中于娱乐主播，很多粉丝更愿意给自己喜欢和认可的知识类主播打赏。

1.9 个人微信名片页

微信个人名片页展示视频号是视频号中一个很棒的功能。博主可以在主页进行设置，在个人名片页面展示该微信对应的视频号，其他视频号则不能展示到这个页面。通过这个页面，用户的好友也能看到你的视频号内容，如果感兴趣就会关注点赞。

1.10 提高视频的完播率

视频号当前版本中，凡是未关注的用户在刷到你的短视频并完整地看完了内容之后，头像旁边就会多出来一个关注按钮，引导用户关注，关注效率更高也更加精准。如果是一分钟以上的视频，用户只要看内容超过 1 分钟，头像旁边的关注按钮就会显示。视频号这个设计，既可以提升账号的关注率，也能更加精准地确定关注的用户是否对你的内容有兴趣。只有感兴趣，用户才会看完这个视频，看完之后给博主的奖励就是引导看完的用户去关注。所以，如何做好内容，让用户看完，是涨粉的很重要一环。

以上 10 种方法的效果都经过验证，但具体效果好坏，受很多因素影响，而且这些方法虽然都可以实现涨粉，但只靠这些办法也很难实现粉丝暴涨。

现在很多号主粉丝量都已有几万甚至几十万，或者很多人做的内容中已经出现过一些爆款，你可能会有一个很深刻的感受，凡是能一下涨粉很多的号，大多都是靠爆款内容，更新一个月的常规内容，也不及一条爆款内容带来的涨粉明显。但是爆款内容毕竟是极少数的，怎么能提升账号爆款的概率呢？下文重点阐述做爆款内容的一些方法，同时也是我们前期快速积累 30 万垂直粉丝的经验复盘。

② 3 个月涨粉 30 万 + 的案例复盘

在做 Office 系列视频号的时候，最开始我们只抱着尝试的心态，因为本来就已经准备了线上 PPT 课程，打算去做线上培训，视频号对我们来说就是多增加一个引流渠道。当时因为是视频号早期，我们也算运气比较好，大约做了半个月时，一条教大家将 Word 快速转成 PPT 的内容爆火了。那条视频播放量 120 多万，涨粉 1 万多。后来持续更新，又产出几条播放 50 万左右的视频，10 万 + 的也有若干条，其他平均播放在当时都是 2 万左右。

这给了我们很大的更新动力，因为尝到了视频号的甜头，不仅仅是涨粉，个人微信引流也有不错的数据。当时引流到个人微信，每天都能加好友 50 个左右。之后就是基于微信个人号的成交，因为本身就有对应的付费课程去做转化，当月仅从视频号引流变现就超过 5 000 人次。虽然现在看来不是很多，却给了我们很大的信心，因为从各种推广渠道比较中，我们发现视频号引流过来的用户质量是很高的。视频号的核心是解决信任＋链接的问题，用户通过视频号对我们有了大概的了解，通过视频号的内容已经与博主建立了初步的信任关系，同时通过视频号链接到博主本人，这种信任度和抖音、快手引流过来的就完全不一样了。

后来我们复盘，为什么当时那条视频能火，针对那条爆款总结了几点原因：

（1）前期研究了很多同类型的账号，以及对视频号的玩法和机制的深度测试。

（2）视频前期的启动量需要去社群、朋友圈推广，这条视频前期都是在群里推的。而且做第一个 PPT 视频号的时候，只在朋友的一个视频号社群中推，几乎没有借用任何外部的渠道，就是意在测试没有资源的情况下，普通人是否能做好视频号。

（3）视频内容控制在 30 秒以内，完播率会比较高。

（4）因为录视频时操作过程和视频语速都特意加快，且当时的视频号没法暂停，很多人只能反复去看。在用户反复看的过程中，完播率就会特别高。

（5）视频内容受众广，简单高效。因为视频分享的技巧特别实用，大部分人都能用到，门槛低。

（6）视频内容有争议。这也是这条视频会火的关键点，因为评论区的争议引起大家热烈讨论和互动。

（7）评论区的引导，每条评论必回复。有争议的评论内容一定要留着，刚开始我们还考虑过要不要删除，毕竟有些负面，后来正是因为这些争议的评论在最上方，很多人看到后就会在评论区留言互动。

这也是我们现在和团队运营强调的细节，对于评论区要做好运营，一条好的评论会引起用户讨论，他们会去针对这些内容查看评论，在这个过程中视频的完播率就会提升。

（8）一条内容预感要火时，一定要保持更新频率。在这条视频到 100 万播放之前我们每天更新，每条内容的播放都不错。

因为通过爆款内容进来的用户，会觉得你最近更新的内容可能也不错，同时也会给你点赞。此外你每天更新会让用户觉得这个博主靠谱，值得关注，也能在一定程度上提高关注率。

（9）让大家记住你。这一点也很重要，我们特意在每个视频的开头设置同样的话术，很多人对此印象深刻。

刻意给用户制造一个记忆点，方式有很多。比如萧大业这个账号，所有的视频中萧大业都戴着帽子、手表、墨镜，视频结尾都是同一句slogan，很多粉丝对这种形象记忆特别深刻。看完所有视频后，当时会觉得讲得挺好，很有道理，但是过几天可能你压根想不起来之前看过这个账号什么内容，但是你一定记得萧大业的帽子、眼镜，以及那句slogan。这就是刻意制造一些记忆点，否则这么多的博主中，用户凭什么记住你呢？博主查理校长每个视频开头都有个动作，拿锤子敲，然后说上课了，这在视觉上就是一个非常好的记忆点。他的内容也不错，这样用户就很容易记住他这个人。还有个财经博主，所有视频的开头音效都是支付宝零钱到账的音效，而这个音效大家特别熟悉，作为视频开头音效就特别容易被记住，并且符合他的账号定位。所以，无论是从视觉上、听觉上还是其他感官上，我们都可以去设置一些特殊的环节，给用户刻意制造一些记忆点，这样才能引起粉丝的注意，使之更容易记住我们。

（10）结尾引导大家关注，并预告下期更新的内容。这样做的目的是持续给用户提供价值，同时也能引导关注。

以上十点就是我们做出第一条爆款内容后总结出的爆款因素，放到现在依然适用。后来我们所有的爆款视频基本上都会与这些因素息息相关，做第二个号以后，我们觉得在上述爆款总结之外，还可以再加三点。

（1）视频号内容垂直细分会更好做，用户能明确知道关注你他能得到什么，为什么要关注你。这也是我一直坚持做垂直号的原因，垂直号的转粉率才更高，不会出现播放几百万、涨粉几十几百的情况。

（2）给人设贴标签，洗脑，让用户记住你。广告里的营销技巧很多，很多成功的广告都是容易让人洗脑的，比如脑白金的广告语。我们 Office 系列视频号的话术，开头一般都是"老板让我做一个……""老板今天又提……要求了"，不断强化"老板让我……"的话术。这也是前面提到的更容易让用户记住你的方式。不论以什么方式，一定要有自己的特点，不然用户凭什么在万千视频中记住你？

（3）人物形象清晰可见，人美大方不造作。这一点是有明显增益的。用户能给我们的时间很短，如果不能利用他感兴趣进来的几秒钟留住他，那就很难抓住用户了。当然，前提是真人出境的人颜值得高一些。

以上是基于我们做过的爆款内容的一些经验总结，除了这些爆款因素之外，从内容方向上，该怎么去打造爆款内容，提高出爆款内容的概率？

内容大体上分为两种：第一，爆款内容；第二，常规内容。

运营原则就是用爆款内容去吸粉，用常规内容沉淀用户。爆款内容是什么，不用说大家都知道，关键是如何找爆款内容。首先，你得有正确的认识，做爆款内容需要找到一个适合自己的方法，然后去提升内容的爆款概率。我们运营账号会去抖音等短视频平台找同类型的账号，找到其爆款视频。比如平常稳定点赞 300+ 的，某条内容 1 000+ 以上甚至更多，那这条内容就是这个号的爆款内容。然后就去找同类型的账号，研究账号中所有的数据，把所有爆款内容选题都记录下来，再去分析这些视频为什么会爆，从标题到内容仔细分析，记录核心要点，包括评论区。对爆款内容而言，用户关注的点一般都能在评论区体现出来。通过研究记录这些，我们就可以参照制作自己的内容。你去做同样的选题，只是换了自己的内容、自己的理解，但你的内容中依然会保留所有这些爆款的核心因素。这样基本就能提升爆款的概率了。

这样的好处就是，你是踩在前人的肩膀上，别人一个月做 30 条内容不知道哪一条会爆，但你一个月做 30 条内容，你知道每一条都有可能会爆。当然，我们并不需要每一条都爆，但从概率上来说，你的账号出爆款的概率显然更高。通过这样的运营方式，即使一个月只有一条爆款，那你的粉丝量也不会少。

当然，每个平台的用户属性不同，在其他短视频平台是爆款，在视频号上就不一定。所以，第一优先原则，参考同类型的视频号内容，然后再考虑去其他平台找爆款视频。以上是找爆款选题的方法，但并不是让你去照搬别人的内容，那样肯定不行。你可以做同样的选题，但必须是自己的内容。

比如之前抖音上很火的一个励志视频，选题叫"我被保洁阿姨上了一课"。此视频火了以后就有各种翻拍的，而且数据都还不错，虽然这显然是人为设计的情节，但也反映出大家对这种选题是感兴趣的。一个事业成功的女性和一个保洁阿姨，这两个身份对比鲜明，会引发用户的好奇心。所以，这些能被大家反复使用的选题，一定也是用户感兴趣的。

找到爆款内容之后，要做好数据监测，一旦发现某条内容的播放明显高于其他的内容，就需要大力去推这条内容，通过不同社群转发或转发朋友圈等，让别人点赞评论，都是很好的方式。视频号里有很多爆款距离首发间隔很久，可能过了一周这条内容突然火了，所以一定要多观察数据。每天在视频号助手检查后台数据和整体数据情况，是做视频号的人必备的习惯。一旦发现有要爆的苗头，大力去推，有效果之后，继续去推，直到官方推荐量很少，几乎不动。单靠这种爆款视频就能给你涨粉很多。

在做内容的时候要有一颗爆款的心，有正确的方法，但也不要抱太大期望，平常心就好，免得花了很多时间在做爆款内容上，又没有结果，心里难免有落差，会失望。

做好爆款内容有两个注意事项：

（1）一定要找同类型的账号去对标学习借鉴，没有同类型的就去找用户属性相似的账号。比如想做生活博主，想做育儿方向，那就可以参考同类型的生活育儿博主在做什么选题。

（2）不要盲目追求爆款，有些视频播放量很高，但就是不涨粉。比如新闻热点内容，很多打动人、感人的新闻，大家都会点赞，甚至10万+点赞，但实际涨粉并不多。这种情况中大家只是单纯对视频中的事点赞，和号主关系不大，也没有要关注的理由。所以，爆款内容一定要符合账号定位，并且做爆款设计之前，一定要做好引导，给用户一个关注的理由。包括账号背景、简介等都要精心优化，视频下方的文章链接引导可能由于爆款视频也会带来很大的流量。

3 可复制的视频号爆款方法论

涨粉靠的不是日更，靠的是爆款，但是爆款来之不易，凡是有过快速涨粉经验的博主都有体会，一个爆款视频能顶得上更新一个月甚至几个月日常内容的效果。所以，做视频号需要主抓爆款内容，做爆款没有成功学，但一定有方法论。对于新手来说，最快最有效的方式就是去找在这个领域已经做得很优秀的一些账号学习。

第一步是找标杆。

找到你要做的类型中所有的优质账号，去向它们学习，看它们在做什么内容，看它们怎么运营，研究它们的商业模式、它们如何变现。我们每做一个类型的账号，给团队的要求是至少关注 50 个以上同类型账号去研究学习。对标学习优先找同平台的同类型账号，因为同平台的用户属性和标签爱好会更加接近；其次再考虑去其他短视频平台找对应账号学习。

怎样快速找到同类型的大量账号呢？

以前没有任何工具的时候，通常的做法是去视频号搜索相关标签，根据标签的推荐，关注一些符合要求的同类型账号；或者搜索关键词，找对应的账号。比如要开始做一个影视号，通常来说要检索电影这个关键词来搜索相关账号，同时通过这个标签也能看到很多同类型账号。我们作为运营者和内容创作者，也需要多研究同类型账号，刷同类型的账号比较多以后，系统在推荐页就会根据你的喜好标签推荐同类型账号，看到好的也可以关注，这就是日常的一些工作。总而言之，随时随地都要搜寻好的账号、好的内容、好的选题等。

现在有很多第三方平台可以帮我们高效地做这件事，比如新视、友望数据、百准这些平台。拿新视来说，我们能快速找到同类型的大量相关账号，而且基本都是按照视频号的优质程度排名。

通常我们团队有三种检索方法：

（1）直接通过新视的榜单搜索。在新视的首页可以看到榜单，点击榜单后会发现其中涵盖了不同类型账号，总共分

24 个类型，总体来说已经非常全面了。比如，要做一个电影号，可以通过榜单中的影视娱乐去找到排名靠前的所有优质影视号，看看它们都发什么内容，用什么样的内容形式，等等，都可以研究学习。

（2）首页搜索关键词查询。虽然新视的 24 个分类已很全面，但是如果你想做的领域更加细分，就没办法查到了。比如准备做一个英语类的学习号，你会发现没有这个分类，新视把这个主题划分到教育分类中了，但实际上教育分类特别大，涵盖的内容也很多，所以我们可能很难有针对性地找到这个细分领域的优质账号。这个时候怎么办呢？我们可以通过在首页查询关键词，找到同类型的大量账号。直接在主页搜索"英语"，然后就会找到大量的英语账号，但是同时我们也会发现，检索出来的结果乱七八糟，有些新号或者做得很差的号都出现在搜索结果界面。这种情况下，我们可以通过新视指数排序功能轻松获取一批优质的英语类账号，这些账号就是我们该去好好学习和研究的。

（3）利用分类热门内容，找更多精准优质选题。如果需要快速找到你所做的账号类型的一些爆款内容，也可以利用新视的热门内容快速获取。在新视热门内容里根据时间点能获取最近的热门内容，可以定位到前一天的所有热门内容，也可以拉长时间线到 30 天或者更长时间，之后就可以根据自己的需求，在热门内容选择自己所在的分类查看最新的爆款内容，这些爆款内容对于我们做选题、确定内容方向都会有帮助。用一句话概括就是，做视频号，别人是摸着石头过河，你可以摸着别人过河。

第二步是找出这些同类型账号里所有数据表现优秀的选题和内容。

在第一步里其实我们已经收集到很多优质的账号，第二步要做的就是把这些账号里所有数据好的爆款内容全部筛选出来，然后建立自己的选题库。我们一般都是通过石墨文档＋专属微信群的方式去做素材库。用文档来整理这些账号中的爆款内容的数据，包括点赞、评论、发布时间、账号名称等信息；然后用微信群存储对应的账号内容。因为视频号目前没有对应视频的链接，所以暂时只能通过微信群来存储，用的时候直接在对应的微信素材群里去找。这个素材库除了保存我们研究的内容，平时看到的优质内容，或者觉得可以借鉴的视频、突发的灵感等都可以存储在其中。有这样的素材库，做选题就有比较充分的准备，可谓"手里有粮，心中不慌"。

第三步是定选题。

一个好的选题胜过一百个普通的选题。有了素材库，我们要做的就是从中找一个选题来做，充分利用好素材库中的资源。

有了选题以后，还要确定账号的发布频率，是日更还是周更，抑或一周两次。我们的大多数账号都保持一周 5 次左右的更新频率。接着要就对应选题何时更新提前定好计划，还包括每期内容形式，比如一周更新的内容中有 vlog 形式，也有口播讲干货的，还有一些广告安排等，都需要提前确定。

第四步是分析爆款因素。

这一步是整个流程中最核心的一环。以前很多人问过我：如何快速把视频号的视频下载下来；很多运营视频号的人可能都想过这个问题，像抖音是支持直接下载的，但视频号不行。很多博主分享过教程，都比较麻烦；安卓收集可以通过文件浏览器的方式去下载，但操作也比较复杂，在新视想要下载视频号的视频就特别简单。

要下载某个账号的视频，只需要在新视搜索账号名字，然后找到账号中的相应内容，点击内容右下角就会有下载按钮，可以直接下载到桌面。这对很多混剪的号来说可能帮助会更大，能更高效地找到素材。现在剪映也有电脑版了，下载完成通过剪映二次剪辑，电脑登录视频号助手后台发布，一气呵成，压根不需要用手机了。另外，在下载视频的时候，还会有提取脚本的文字提醒，我们也可以把视频中的文案提取出来，方便后续去做分析和拆解。

其他第三方视频号工具也基本都有这些功能，可以根据使用习惯去选择适合的。

定好选题以后，首先要做的就是对要对标的选题和内容进行拆解，拆解步骤见表 5-1：

表 5－1

爆款因素	对标作品	爆点总结	对标作品数据	对标账号名称
选题		1.标题有哪些吸引人的点；2.用户为什么会被这个标题吸引；3.被这个标题吸引的可能是什么类型的人群		
文案		1.文案上有哪些痛点；2.有哪些点比较吸引人；3.文案的结构是怎么样的，开头提出什么问题，中间怎样过渡，结尾怎么收尾		
内容形式		1.内容表现形式新颖；2.拍摄手法；3.拍摄背景；4.人物表现力		
文案区		文案区有什么亮点，提问形式，解释形式，抒情文字，简短介绍		
背景音乐		1.音乐名字；2.哪种音乐类型		
评论区		热评讨论点、争议点		
内容时长		××秒		

首先分析选题内容相关的爆款因素，为什么这条内容会爆？用户为什么会感兴趣？从标题、文案以及内容形式、背景音乐这几个点去分析。

比如从标题上，可以分析标题有哪些吸引用户的点，为什么用户会被这个点吸引，被这个标题吸引的用户可能是哪种类型的人群。从文案上去分析，看文案有哪些亮点，文案的结构是怎样的，开头怎么写的，中间怎么过渡的，最后怎么收尾的，等等。从内容形式上分析，看是不是内容的表现形式比较新颖，或者拍摄手法很棒，镜头感很好，主人公的表现力特别好，等等。然后内容的背景音乐是什么类型，伤感的还是积极向上的，等等。通过这些分析，我们就能大概摸清一条视频之所以是爆款的可能的相关影响因素。

除了内容之外，还要看评论区。评论区是能准确反馈用户感兴趣的点的地方，尤其是爆款视频的热评即前几条评论。看看大家在讨论什么，或者对哪个评论感触最深、最认同，说不定这就是用户对这条视频的核心观点所作的总结，就是因为这个观点打动了别人，所以大家看到这条评论以后，就会点赞或者回复。还有可能因为这条评论是对视频体现的争议点的吐槽，因为有这条充满争议点的评论，评论区的用户就开始站队，有的支持，有的反对，针对这个点展开讨论、回复。在这个过程中，视频的完播率甚至复播率都会大幅提高。

比如我们有一条爆款内容，是关于把 Word 快速转成 PPT 的某个技巧。针对这条内容，评论区的用户分成了两派，一派说这个技巧直接转出来的 PPT 丑得要死，老板分分钟把你开掉，另一派觉得这个技巧非常实用。这样在评论区就会出现站队，大家针对这个争议点吐槽得越多，这条视频的热度就会越高，对视频的传播实际上是有很大帮助的。当我们分析完评论区的内容就知道用户感兴趣的点可能在哪里，往后发布内容，就需要提前安排一些"托"，主动评论类似的内容，引导更多用户留言讨论。

最后，我们还会看一个视频数据，当一条视频达到较好的数据，比如1万赞以上时，有很大可能，你看到这条视频的时候，你周围很多朋友都已看到过这条视频，不少人还给这条视频点赞了。此时，这条视频内容本身其实已经上升为一种社交货币，你和朋友见面聊天，可能一个共同的话题就是某条视频如何如何。这种情况下，视频本身的内容对你来说是不是真的好，已经不那么重要了，很多普通用户会觉得，因为大多数朋友喜欢，那我也应该喜欢，这样聊天的时候就多了一个共同话题。

所以，数据越好的内容，越容易数据更好。

第五步是结合我们分析出的这些爆款因素，创作自己的内容。

首先需要准备脚本，文案中需要尽可能包括分析出来的爆款元素。出了初稿以后，负责人去核对，看看是否符合要求，与对标文案相比还有哪些不足，等等。

最后定脚本，接着拍摄、剪辑。拍摄、剪辑完成后，要有对应的负责人去审核视频，看看视频拍摄和剪辑是否能满足分析出的那些爆款因素，有没有还需要优化的地方。所有审核完成以后，大家都觉得没问题，这条视频就可以正式发布了。

　　最后一步就是复盘。尽管之前做了那么多，但所有的流程都只能提高内容爆款概率，并不能保证一定会成为爆款，所以，如果没有成为爆款内容，也要去总结复盘，看看可能存在的问题在哪。一般我们会进行简单的数据总结，比如预期的点赞播放是多少，最终达到的数据是多少，数据差的原因可能是哪几点，等等。通过这样的方式不断总结，优化做视频的方法，提高账号产出爆款内容的概率。

第六章

CHAPTER 6

视频号内容篇

前文介绍了视频号运营的方法和思路，但所有运营有效的前提是内容水准有保障，如果内容不行，运营的作用只能是杯水车薪，只有好的内容和好的运营结合，才能真正做好视频号。本章介绍如何打造内容。

① 做内容还是做 IP，你适合哪种?

大家可能听很多人说过，账号的定位很重要，一个好的定位，决定着你的账号是否能运营好，是否具有长期价值，是否具有潜在的变现能力。如何定位自己的账号内容方向？我总结了 4 个问题，通过回答这 4 个问题大概就能知道自己的定位是什么。

问题 1：你每天打算花费多少时间做视频号？你能坚持下去吗？

我所认识的大多视频号博主，尤其是个人博主都是业余做视频号。他们一般都有自己的主业，很多人能做好，一个很重要的原因就是花费了大量的业余时间去研究视频号，研究内容、生产内容。如果你也有稳定的主业，每天能抽出多少时间去做视频号？做视频号从来都不是一件轻松的事，需要花很多的时间去研究，去做内容，还要跟粉丝互动、做数据分析。那么你做好牺牲自己的休闲娱乐时间，去做这件事的准备了吗？

我认识很多博主，自从投身视频号，自己的时间越来越少，因为经常要和粉丝互动、观察数据，等等，时常下班回家拿着手机，然后有父母不同意的，也有妻子儿女抱怨的，这些都是可能存在的问题。另外，视频号在我看来和当年的微信公众号特别像，视频号一定是一场马拉松，不是看谁当下跑得最快，而是看谁能坚持到最后，从最早一批做公众号的人来看，所有能在红利期坚持下来的，通过公众号都赚了很多。

所以，如果你只是一时兴起，觉得现在视频号比较热，所以去跟风，你大概率做不好。短期主义者会更计较当下的得失，我见过很多人做视频号一两周，看数据都很差，就没信心做下去，退出了。我是最早一批拿到视频号内测资格的，最早开始玩视频号的人已经有很多都不玩了。我曾带过一期学员，有500多人，就一个月的时间，最后能坚持下来的都不多，但是能坚持到现在的，基本都做出了成绩。

有博主向我反馈，他做的关于 Office 的账号两个多月了没有一条爆款，数据都很一般，但突然有一天，1 个月之前的一条视频爆了，然后每天涨粉 1 万，后来单靠那条视频涨粉 40 万左右。所以，你看，能坚持下来的，都要度过一段数据很惨淡的时期，但说不定哪一天哪一条视频就爆了。在视频号里，如果你是做垂直类的号，真的只需要一条爆款视频账号就起来了，以后再做内容就会好很多。所以，第一个问题强调时间以及周期回报的问题，你一定要思考这个问题的答案。

问题 2：你做视频号的目的是什么？

很多人会说，我做视频号就是为了赚钱啊。这是一个合理的目的，但不是核心，因为通过视频号赚钱了，一定是给用户提供了某种价值，所以你才能赚到钱。

比如有人做视频号是为了打造个人 IP，有人做视频号是为了做流量，有的企业做视频号是为了宣传企业品牌和打造品牌影响力，有的企业是为了推广和销售产品，还有些企业是为了传递价值观和使命。当然，很多人就是很单纯为了赚钱，但你还是得想清楚，你做视频号要通过什么去赚钱？你的变现模式、你的路径是否可行？

比如我们做的垂直类职场内容，目的就是通过这些 Office 干货为用户提供价值，最后通过视频号引流到微信，再做培训变现，这个路径是已经被验证有效，没有任何问题的，方向明确，我们只要认真执行即可。

再比如十点读书林少，关于视频号定位，他也是尝试了一些内容后又调整定位。最开始他做视频号是给大家分享一些好书，后来发现做这个内容的号太多了，也不适合他，所以现在调整定位，做只针对创业者的内容，然后通过直播等形式，与很多创业领域或者其他方向有成就的人一起直播，以这样的形式去塑造十点读书的品牌影响力，同时传递了品牌的价值观。创始人的理念对企业品牌至关重要，从前很多用户只知道十点读书这个品牌而已，但通过林少，他们就能感受到这个品牌的温度、生命力，这些都是可以通过创始人的价值观和谈吐体现出来的，能让品牌更接地气。

我曾与很多企业创始人沟通过，建议他们去做一个视频号，不需要很多的粉丝，有一批精准的用户就能让他们的品牌宣传效率提升，同时企业形象也会更有温度。我们可以思考一下，做视频号的目的是什么？账号要变现的话，商业模式是否可行，有没有已经被验证过的成功案例？很多人一开始就漫无目的地做，做了好久好不容易积累了一批粉丝，发现这些粉丝很难变现。比如很多做情感类账号的人都面临这个问题，粉丝量相对好积累，却没有多高的变现价值，这样的账号从一定程度上来说不具有太大价值。

当然，也不是说这种账号不能变现，但一般做这种账号的人往往不是专业的情感分析师或相关专业人士，如果比较专业，通过视频号转化为私域成交，线上情感培训的相关市场需求也很强。所以变现其实是有一定门槛的，不是所有人都有讲课和做系统课程的能力。再比如很多人发现正能量新闻的热度很高，就去做正能量账号，做完发现这种号几乎没什么变现能力，粉丝太泛，投广告没价值，转私域效率也很差，这就是因为做之前压根没想清楚。所以，我们一定要先想清楚这个问题，再去做账号的定位，这样才不至于走很多弯路。

问题3：你想通过视频号吸引一群什么样的人？

无论是在哪个短视频平台创作，精准用户的价值一定是最高的，所以，一定要先想清楚希望通过视频号吸引的是一群什么样的人。比如我们公司的产品以职场用户为主，在视频号中依然想吸引此类型的用户。这些用户在职场会用到Office相关的软件，我们以这个角度去切入，做对应的内容，吸引过来的自然就是我们想要的用户。比如你希望聚集一些宝妈的资源，那你的视频号内容就一定得是跟宝妈相关的，可以从母婴教育知识科普切入，也可以从家庭教育角度、女性在家创业角度切入，无论选哪个角度，只要内容符合这个群体的用户需求即可，这样通过视频号聚集的就是我们需要的这类人群。

总之要记住一点，你需要什么样的用户，就去做这个人群感兴趣的内容。当然，这个人群一旦确定了，就不能轻易更换。

问题4：你有擅长的可持续稳定输出优质内容的能力吗？

这是很多新手创作者最需要好好思考的一个问题。很多人看别人做什么火，什么容易涨粉，自己就跟着去做，但往往做不好，因为你只看到了表面的数据，没看到人家背后的功夫。视频号中目前做个人 IP 算是比较吃香的一种，而且个人 IP 从商业变现角度来说还会具有品牌溢价，长期价值更高，但并不是每个人都适合做个人 IP。

要做个人 IP，必须自己在某个领域具有一定的积累沉淀。比如萧大业，每天的内容都做得很棒，为什么他能在 1 分钟之内把内容讲得这么好，大家还愿意听？这来源于他自身的沉淀。他的经历很丰富，做过上市公司的 CEO，自己也有创业经历，有很多年的线下培训经验，演讲能力极强，这些都是他每天发的内容会有很多粉丝愿意追着看的原因。把内容做得有价值的人很多，但既有好内容，还能让很多人愿意听就很难。很多人上来就是干货，说教，这种形式大多数人是不能接受的。你想想看，上班一天拖着疲惫的身体回家，好不容易能躺在沙发上，拿出手机，打开视频号开始刷，一进来就是各种给你说教的，你什么心情，会愿意听吗？

所以，做个人 IP 的门槛还是比较高的，要在对应领域有深厚的积累，并且可以持续输出。有很多人跟别人学着做个人 IP，现学现卖，做了一段时间发现做不出内容了，因为自身的积累太少，能输出的内容就很少，很难长期产出高质量的内容，自然就留不住用户，很难做出粉丝黏性。当然，如果你有合作的小伙伴一起做内容输出，双 IP 也不错，可以降低创作的难度。有个博主叫"香港金融侠侣"，他们是夫妻俩做同一个号，内容主要是财经相关，包括理财、保险等内容，除此之外，还有很多他们的日常，这样的内容搭配对粉丝很友好，粉丝黏性也很高。两个人生产同一个账号的内容，从创作难度上来说就相对降低了，这是一个很好的办法。当然，合作的人一定要能长期在一起，否则后期的账号归属就会产生纠纷。

很多人也会问，我没有专业的积累，也没有很擅长的领域，是不是就不能做视频号了？当然不是，既然 IP 号不适合你，那就另选一条路。比如你喜欢剪辑，可以做影视号、音乐号、手绘号、娱乐号、搞笑号、二次元号等都可以，这些领域门槛都不高，只要稍微用心一点，即使你什么都不会也能快速上手。当然，这种类型的号一般都以接广告为主要的变现模式，做这种号不能让你一下赚到很多钱，但是每个月收入几千上万都是完全有可能的。对于普通人来说，这条路完全可以走通。

想清楚以上几个问题，你的账号定位问题就解决了。

❷ 个人独立运营视频号内容的心法

目前我了解的博主还是以个人独立运营居多，个人运营视频号有几点心法非常重要。

2.1 勤研究

在视频号这个平台想要玩好，不仅要做好自己的内容，还要掌握平台的规则和玩法，知道哪些是有益的、哪些是有害的。视频号是一个新的平台，更新变化的速度很快，如果不经常研究这些变化和规则，就没法运营好视频号。

比如，视频号在推直播的阶段，从一开始测试只给关注页面上方的流量，到后来除了关注还有朋友、附近甚至包括朋友圈的置顶位置都给了视频号直播，虽然一段时间后被下架了，不过经过优化后未来还有可能重新上线。现在直播已经有了单独的入口，直播的流量来源获取就是一个核心问题，这一点在后文具体讨论。朋友圈的流量是微信生态中一个很重要的流量聚集地，直播可以从这里去获取流量，那么直播间未来一个核心的流量入口就是朋友圈，在直播间引导转发就成为很关键的一步。

再比如，你不去研究规则，就不会发现以前只有点赞才能触发社交关系的推荐，后来有段时间除了点赞，收藏也可以触发社交推荐的机制，那么，就不光要引导观众点赞，引导收藏同样重要，收藏的数据也就成为分析数据的一个很重要的点。现在微信通过在社群中以话题以及＃加各种名称去引导，其实最重要的还是为了给视频号导流。如果你不清楚这些，就会错过很多抓住流量的机会。所以，一定要多研究视频号平台的玩法和规则。

2.2 ◀ 学竞品

这一点在前文中已经提到，对于单打独斗的个人来说就更加重要。如何在短时间内让做视频的效率更高，就得站在别人的肩膀上，躲过很多别人踩过的坑，你的效率就能提高。我的建议是，无论你做什么类型的号，至少要关注 30 ～ 50 个同类型的账号去认真研究。学习他们的选题、内容、运营方法、引流方法、策划玩法、互动玩法，把所有可学习的点都总结出来，结合自己的经验，就能形成一套成熟打法。

2.3 ◀ 好内容

好内容是需要打磨的，无论从选题还是文稿上，决定做一个选题的时候，可以先问问自己，如果我是受众我会不会感兴趣，为什么不感兴趣，为什么会感兴趣，内容的结构是怎样的，开头要以哪句话吸引受众的注意力，怎样才能引导受众看到最后。一个视频制作完成后，去看看这些点是不是有吸引力，如果基本满足，才是一条好的内容。从一定程度上来说，好的内容不是你觉得好的内容，而是用户认为它好，才叫好内容。做内容不能主观认定做什么内容有价值，而要去调研用户，通过用户的喜好、兴趣做对应的内容，短视频创作者的内容实际上是为了满足用户对内容的消费需求。只有想明白了这一点，你才能知道该去做什么样的内容。

2.4 好运营

发布内容后，一定要跟上运营动作。尤其是前期，无论是去社群、朋友圈推广，还是引导评论互动，都会对内容数据趋势产生重要的影响。具体操作前文已经介绍过。

以上是我从很多优秀的个人博主身上所观察到的心法，满足以上四点，才有可能独立运营好一个视频号。

3 团队化内容运营视频号的 SOP

随着视频号影响力越来越大，大多嗅觉敏锐的企业已经开始入驻，未来一定会有很多公司通过团队化运营的方式在视频号上快速抢占位置，尤其是本身在短视频领域有团队的公司，这部分大多是专业出身，在抖音、快手、b站等已经有成绩。所以，目前在大量专业队还未入场的时候，普通人的机会反而更大。

如果你现在有团队，或者打算组团队做视频号项目，关于团队化运营视频号一定要多向优秀同行学习，前文也提到了团队化运营的流程内容。职场头部博主私域肖厂长之前在一次分享中介绍过团队化流程，我觉得对很多团队化运营的公司都会有帮助。

3.1 关于人设定位

以私域肖厂长的定位来说，应该是年轻 CEO，非常善于学习和总结，在北京创业实现了逆袭。内容上大多以 vlog 形式偶尔穿插口播，现在也逐渐转向一些剧情式内容，通过语言、场景、表情等逐步做出自己的内容风格和人设。

3.2 关于视频产出流程

在视频产出上，团队确认选题以后，由负责人最终确认，包括文案等都要由负责人做最后的审核，然后正式开始录制视频、配音。再由剪辑人员对视频进行处理，最后成品由负责人审核。

3.3 口播和 vlog 的十个万能开场

利用争议话题：我把（被）×××……了——我把我最好的闺蜜拉黑了

利用窥探欲：有一个×××是一种什么体验——有一个愿意为你学习做饭的男朋友是一种什么体验

激发好奇心：××和××有什么区别——北京和老家有什么区别

利用八卦心理：我有个朋友……——我有个朋友，她和男朋友谈了一年

利用同理心：你有没有过……——你有没有遇到过这样一个人

上面这几个开场话术是不是很熟悉？因为这是很多短视频都会用的，抖音上也是如此。再比如视频号里很优秀的旅行博主房琪，她的 vlog 很多也利用了这样的开场话术结构。

开场 1：我把 ××× 怎么样了！

开场 2：××× 是一种什么样的体验？

开场 3：当年的 ××× 现在过得怎么样？

开场 4：如果你 ××× 了，你会怎么办？

开场 5：我被 ××× 上了一课。

此类话术我们可能在其他平台已经见过很多了，同样也可以在视频号文案中广泛使用。

3.4 视频号的各项数据

团队运营视频号一定要以数据为指导，每个号的数据要有对应负责人，比如各项数据的转化情况，包括转粉率、赞播比、评论率等，以及视频号助手后台的数据，粉丝增长趋势，单篇内容增长趋势，等等，都需要有对应的人负责做数据分析。

3.5　视频发布的安排

团队执行一般对作品质量要求相对较高，如果不是日更，需要做好对应的排档，发布排期，更新最好定期定点。发布频率要有对应的执行和负责人。

3.6　待录制的视频文字稿

对于还未录制完成的文案要做好备注，包括参考作品的链接，方便完成后去对比优化。团队生产内容时，每一条文案都要提前写好，包括作品对标的相关内容信息，相关执行人就能快速读取这些信息。有文案以后，剪辑也就能优先找对应素材，提高效率。流程可参考以下模板：

选题：

参考选题链接：

参考选题数据：

文案：

视频描述：

评论区引导：

3.7　关于选题

选题前期筹划可以多借鉴那些已经被验证过的有效的创

意，比如前文提到，抖音上有段时间非常火的"我被保洁阿姨上了一课"，后来陆续出来很多类似版本。当然，如果团队有比较好的创意，通过讨论后就可以确定为选题。团队一定要建立选题库，要有足够多的选题可供讨论挑选。

团队化运营时每周都要开选题会议，对选题的质量进行把控。不光做短视频如此，做公众号的团队也有类似的流程。只有通过选题会讨论的选题，才有更大的概率成为爆款内容。

会议流程一般有以下几项：

3.7.1　数据反馈

我们团队有很多矩阵号，每个小团队负责的账号都不同，在开选题会的时候，各个账号的负责人会就账号的一些数据做报告，包括变现数据、内容播放数据、点赞关注数据等，以及过去一周是否出现爆款内容，爆款内容的数据表现，分析视频的爆点等。

3.7.2　每周内容发布规划表

各个账号的负责人对自己管理的账号要有合理的规划，包括发布内容的频率以及每周更新的内容形式，有哪些主题，都要在选题会上报告，如果发现不合理的地方，团队可以及时反馈调整。

3.7.3　讨论选题、定选题

选题可以是一句话标题，字数不宜过多。

首先确定怎么引入，比如选题参考哪一条爆款内容，打算怎么去做这条内容，这条内容的标题是什么。接着确定内容大致的结构，开头怎么引入，中间讲什么，结尾怎么引导，等等。如果是自己的创意，就要讨论这个创意是不是符合目标用户的预期，有没有什么亮点，文案上有没有什么值得优化的地方，等等。除了文案，还需要讨论内容表现形式等，以及打算用哪些素材，视频的整体风格和背景音乐，等等，都需要进行讨论。经过这样一系列规范流程，才能帮助团队更高效地产出优质的视频，而且是以结果为导向，随时修正，不至于做无用功。当然，除了做这些，还有一项很重要的团队工作就是复盘。

3.8 ◀ 复盘会

关于团队复盘会议有一个简单的模板：

视频号选题：

视频号数据（包括点赞、播放、收藏、评论、转粉率、赞播比等）：

数据差的可能原因：

以上就是一个相对较完整的团队化运营视频号流程，如果你有团队或者打算找团队，就可以参考这个流程。

4 内容剪辑的三个工具 和十大素材网站

作为内容创作者，好的工具能帮助我们更高效地完成视频制作，以下推荐一些内容剪辑工具和素材网站。视频号的内容制作，如果不是对拍摄和画面要求极高，不是团队拍摄的情景剧账号，以下几个软件应能满足大致需求。

4.1 剪映

这是目前创作者用得最多的一个工具，一般需要的剪辑，包括简单调色、配乐、做前后画面引导等都可以轻松完成，上手难度不大。

4.2 秒剪

秒简这个工具之所以重要，是因为它是微信官方推出的产品，专门为视频号开发的手机端剪辑工具。它能直接关联微信视频号，做完内容直接导入，也可以直接上传图片和视频素材自动生成视频，输入文案自动配音，选择模板生成视频，等等。其界面比较简洁，缺点是功能相对较少，不如剪映完善，不过后期应该会增加更多功能。

4.3 去水印

做短视频常常需要很多素材，但一般找到的素材都会有水印，其实去水印很简单，目前有很多的好用的去水印小程序，都很方便。我们常用的一个手机端的小程序就叫"去水印"，使用时直接粘贴视频链接，即可快速去除水印。

4.4 手绘视频工具

之前很多人咨询我，手绘视频都是怎么做出来的？这个其实很简单，现在都是现成的软件，比如美绘 App 就可以完成。只需要上传对应的音频，然后根据音频选择画面、画面中的人物和场景的出场移动方式等，即可导出视频。

这类软件一般都有教程，使用便捷。

4.5 视频下载

很多视频号主会去网上找素材，大多素材来源都是视频网站，https://zh.savefrom.net/7/ 可以快速下载来自国外的视频素材，并且可以自由选择画质清晰度，非常方便。

4.6 pexels

这个网站有很多高清的图片和视频素材，更新也比较快，最主要的是素材免费且可商用，避免了版权方面的一些潜在风险。

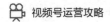

4.7 ◀ unDraw

这个网站有很多很好看的矢量素材，非常适合做动态的插画类视频。

4.8 ◀ pixabay

这也是一个有大量免费高清素材的网站，主要以图片素材为主，也有很多视频和图标素材，能帮你轻松应对很多场景的需求。

4.9 ◀ 新视

新榜旗下的视频号工具，可以方便快捷地查看一些视频号数据、不同行业的榜单排行，帮助我们更好地运营视频号。

除了以上这些，还有很多好用的工具，不过根据我的经验，掌握以上这些工具，大部分内容素材问题都可以轻松解决。

⑤ 容易被忽视的内容发布小技巧

1.发布视频的时候，文案区文字控制在一行以内，不要带地理位置，可以在视频内容页直接展示公众号链接，提高转化率（见图 6 - 1）。

2. 长视频尽量选择用电脑端上传，避免被压缩，影响清晰度。

3. 带视频号官方的一些热门话题可能会有一些平台流量，热门话题可以在视频号创作者社区小程序里查看，官方的一些话题、活动会在其中不定期更新。

图 6 - 1

第七章

CHAPTER 7

视频号变现篇

变现是大多数人做视频号的最终目的，也是能持续推动我们做这件事的动力，一个不能变现的视频号算不上一个好的视频号。第六章对账号的定位以及适合做什么内容做了梳理，账号定位做得好，辅以好内容＋好运营，变现自然就是水到渠成的事。以下简单介绍视频号中最常见的几种变现方式。

1 视频号常见的几种变现模式

1.1 技能变现

做垂直类账号，比如教大家画简笔画，教手机摄影、短视频拍摄，教做 PPT、Word 等都可以通过视频号和公众号、个人号结合实现变现。

1.2 广告变现

广告是最常规的一种变现方式，如果你的视频号粉丝积累比较多，就能接广告。目前我们接触到的视频号除了一些流量型的，主要是集中在课程类广告投放，比如英语、编程和部分品牌广告的投放。

1.3 个人 IP 变现

个人 IP 号在视频号中比较吃香，也是目前变现比较快的一类。视频号的用户不同于抖音和快手，基于微信社交强大的关系链，用户黏性更好，信任度更高，这对于很多做线上知识付费的 IP 号就很友好。

1.4 种草带货

这种方式和抖音的逻辑类似，只是目前通过视频种草只能引流到产品的推送文章，再实现变现。后期会不会有商品功能的插入，值得期待。比如，很多美妆博主会通过视频号去带货，也可以通过直播带货，很多品牌的广告主也会来投放广告。

更低端的一些种草，比如专门做养生的账号，通过养生茶这种产品变现，目前我了解到的最佳案例每个月能做到 10 万元左右的收入。

1.5 导购变现

把视频号当作一个流量入口，从公众号进行变现。比如卖房子、卖车、卖保险等，所有员工都发布相关的视频，引流到同一个落地页。这些以前传统的线下场景，在视频号中都有可能重新再做一次。

传统企业其实有很多线下流量和客户，通过视频号可以触达更多有效的用户，宣传效果更好，传播效率更高。

1.6 ◀ 直播打赏变现

打赏变现也是一种常见的直播变现方式，借用有赞 CEO 白鸦的描述，在视频号中打赏更像在表达心意，而不是其他短视频平台那种追捧式的打赏。

这也能解释为什么视频号直播初期，也有一些颜值博主做直播，过了一段时间都慢慢淡出了。因为她们花同等的时间，可能在其他平台收到的打赏会更多。另外，企业类型的号无法开启打赏，只有个人号才支持打赏。

视频号里变现的方式不止这些，后文会分享更多案例。

② 视频号 3 个月变现 20 万 + 的垂直号变现复盘

本节复盘我们运营的 3 个 Office 账号的变现案例。我们从 2019 年底就开始准备 PPT 训练营课程，2020 年刚好遇到视频号这个风口。之前其实是想基于已有的私域流量去做转化，但视频号给了我们一个新的获取流量的入口。

我们变现的路径如下：

视频号—公众号—个人号—社群—朋友圈—成交

　　无论做什么账号，最终变现是需要有产品的，不管是实物还是虚拟产品。我们的产品就是 PPT 训练营和 Excel 训练营，客单价在 500 元左右。你可能会想：我也要变现，但是没有产品怎么办？其实，不必非要自己做产品，尤其是个人博主，做产品对专业能力要求比较高，我们可以采取与他人合作的方式。比如，我之前的学员有很多跟着我们做 Office 账号，他们现在也做得很不错，但是他们没有自己的产品，就来找我们合作，我们的课程产品可以让他们销售，然后双方分成，这其实就是一个双赢的变现方法。

　　如果你想带货，目前视频号的官方小商店也支持分销带货，拼多多、京东等平台的产品都可以分销，还有很多类似的带货小程序都可以实现变现。产品方面，一定要先确定好，是自己有产品、有货源，还是找别人合作。

　　我们从一开始做视频号就在为变现做准备，所以最早的视频中会带公众号链接，引流到公众号和个人微信。用户看完视频号内容以后，我们会在结尾处引导大家点击视频下方的链接。在引导上也可以多尝试一些方法，我们尝试过 4 种方法都不错。

2.1 引导手势

　　当需要引导用户点击视频下方链接时，可以尝试通过博主手势向下指引的方法去引导，这样在视觉上会给用户一种很强的提醒，引起注意。

2.2 文案区引导

在文案区同样可以通过文字进行引导，文字＋表情的方式最好。比如"点击下方👇👇👇链接，免费领取1000套PPT模板"，通过文字提醒和抛诱饵的方式引导用户点击。

2.3 通过修改地理位置来提醒

视频号下方的位置是可以自选的，操作时点击位置，然后在搜索附近位置的搜索框中编辑想说的话，比如搜索【点击下方链接领取免费课程】，系统会反馈没找到对应位置，需要创建新的位置，点击进行创建，再点击完成即可。

2.4 通过文章标题引导

视频号下方附带的扩展链接直接采集公众号文章的标题，所以，相应的文章标题一定要拟定，这个标题决定了别人看到之后会不会点击，有没有兴趣。一般针对视频号带的链接都需要单独制作，因为视频号更偏向诱导点击型标题，在公众号里不一定适用。这里也会有个问题，现在视频号带的链接必须是已经发布的，但我们又不想给公众号的用户看这种标题，那怎么办呢？

这个问题也可以解决，单独发布一篇文章给自己就可以。

首先从公众号后台找到自己，然后把自己星标一下，再发布这篇文章，发布时选择只发布给星标用户，这样就可以拿到公众号的已发布链接，而且标题不会被公众号的其他用户看到。

以上4个方法都可以提高引流到私域的效率，我们测试了很多次，标题也经常优化，现在每天加个人微信80左右。另外，从视频号进来的用户我们也会引导关注公众号，在文章里写明如果加不上微信可以直接关注公众号，然后在关注公众号的被动关注回复中我们会标注最新的微信，公众号的菜单栏也会留微信，并设计关键词去引导。

我们之前在视频号挂的文章中会告诉大家关注公众号后回复"PPT模板"，领取1 000套PPT模板。用户在关注了公众号后，就会回复关键词获取，我们会在关键词的回复中额外加一条引流，比如"扫描下方的二维码，添加七七老师微信，可以随时咨询"。这样，去公众号免费领取PPT模板的人，也能再次加到我们的个人微信。之前有人问我，为什么不直接让大家加个人微信，然后领取模板，那不是更高效吗？这个问题，大家实践过就知道，会有很大的风险以及人工成本。

第一个原因是直接加个人微信，很快微信会触发添加限制。尤其是有爆款文章的时候，个人微信无法在短时间内承载过多的流量，所以需要由公众号来分担流量压力，再转到个人微信。

第二个原因是一旦需要先加个人微信再去领取，就会涉及个人微信的自动回复，以及送模板等。目前很多个人微信工具都有使用风险，之前微信官方打击比较严，大家也不敢用。人工回复无疑会占用大量的时间，那人工成本就比较高。而且很多免费领取的用户，如果你不及时给资料，他会以为你是骗人的，轻则删除好友，重则直接投诉你，这样你的微信被多次投诉后，大概率会被封号或者限制功能。

这就是为什么我们要在流程设计中加入公众号这一环，公众号的流量承载能力更强，我们也能更好地管理。通过这一系列引流措施，我们目前引流到微信大概有 1 万人，通过线上的训练营转化，直接收益 20 多万元，目前训练营已经开到第 7 期。我们引流到微信后，转化一般是个人号私聊，以及朋友圈运营，还有一部分是从我们的免费 PPT 学习群去做转化。不管是做哪种课程，只要把精准用户引流到个人微信，后续的转化就会轻松很多。可以通过免费公开课转化，也可以通过朋友圈潜移默化去影响，还可以通过群发售，以及我们即将尝试的通过视频号直播销售，都能帮我们完成变现。

当然，除了自己的产品，我们也接了一些广告，主要都是英语课程和编程课程，有按照成交付费的，也有按照单条付费的。本节介绍了我们的变现案例，以下分享萧大业这个 IP 变现的案例。

3 个人 IP 号变现 30 万 + 案例拆解

在视频号圈里提起萧大业,人们都会觉得影响力很大,实际上大家会有这种感觉,是从那条播放量接近 2 亿的以"相濡以沫"为主题的视频开始的。这条内容传播的范围特别广,真正实现了"破圈",很多不同行业的人都因为这条视频而与我们产生链接,来交流、合作。

我之前主要做线下培训,也做过上市公司的 CEO,还自己创业过,讲过的线下课超过 1 000 场,积累很深,但对线上这一套其实还很陌生。

后来,我和团队一起做了线上课程产品的设计,以及从视频号引流到微信的一整个链路的设计。2020 年开启了第一次线上产品变现尝试,第一期课程最终卖了 30 多万元。因为有线下的积累,也有做课程产品的能力,所以,我们在课程产品打磨上问题并不大,不过在课程选题和定价上,整体来看还是有缺陷的。

因为我擅长的是沟通课,但其实沟通课对于普通人来说是一个不痛不痒的选题。以前在线下更多是针对 B 端,现在线上对 C 端,其实很多用户是不买单的。而且因为是第一期,我们更多是想做自己的品牌影响力,而不是单纯赚钱,所以也没有去做低价课程,而选择直接去做客单价在 3 000 元左右的课程。这个客单价就线上课程来说还是挺高的，所以售卖的难度可想而知。但最终还是卖到了接近 30 万元，最重要的是这些买课的用户基本都来自视频号。而这主要源于平时的积累，做视频号做到现在，已经积累了大概 2 万的用户。

变现的主要渠道：

（1）视频号本身。

通过在视频号中软植入即将开课的沟通训练营，引导用户点击下方链接报名。关于如何把一个产品软性植入，还不让大家讨厌，可以去看看我们的视频内容。在对内容的把控上，我们比较严格，文案需要反复修改后定稿。做视频号时长要限制在一分钟以内，很多人常常说，能把一个很大的事通过一分钟总结出来，并且把要点都提炼出来，还得让别人愿意听，这需要很强的能力。

（2）个人微信、朋友圈。

个人微信都是通过视频号引流过来的粉丝，大多是通过朋友圈去转化，也没有过度骚扰。很多人引流到微信之后，其实没有做好运营。我们的朋友圈做了很多日常运营，有干货分享，有自己对热点问题的见解，也有自己的日常，每天发朋友圈数量 4～5 条，朋友圈活跃度很高。

朋友圈的运营其实是一个很复杂的体系，想要运营好需要花费很大的功夫。尤其是做个人 IP，朋友圈的人设一定是与你的视频号一致的，朋友圈每天要发什么、几点发都要有具体的规划。

如果仔细观察我们的朋友圈，会发现大致分为以下几类：

1）日常分享，美食、旅行；

2）各个企业讲课，专业能力背书；

3）视频号内容的转发；

4）出席各种活动的照片；

5）学员对课程的反馈、社群反馈和内容分享。

当然，朋友圈运营还有很多细节操作，这也是为什么我们要一直持续优化，不断学习，在朋友圈展示一个真实的有价值的人。这也是通过朋友圈直接成交的基础，成交本质上是基于信任，用户从视频号和个人号看到人设一致，对建立信任就会有很大的帮助。

（3）直播。

在第一次尝试线上课程变现过程中，直播是很重要的一环。首次直播我们做了很多准备和策划工作，在大多数人开直播还只有几十个观众的时候，我们开播峰值在线 1 600 左右，稳定在 1 400 左右，这在当时已经是很不错的数据了。直播期间，通过奖品等奖励引导用户转发朋友圈，并引导到个人微信和社群。

第一次尝试线上直播变现几十万元，这次直播的整个流程策划案例被很多人模仿，效果都很不错。后文会专门复盘我们做直播的策划流程。

在这个变现案例中，大家能看到，大多数用户是为视频号博主本人买单的，视频号是展示人设的一个平台，通过视频号可以吸引更多同频的人进入自己的私域流量中，然后再去做对应的价值转化。当然这对课程的交付要求也很高，目前我们开了几期，学员满意度非常高，这是能把个人 IP 做好的原因之一。

　　所以，如果你想做个人 IP 类视频号，不仅仅要运营视频号，还要做好公众号和个人号，这些不做到位，后期的变现就会受影响。除了线上的知识付费类课程变现，也有一些找我们做广告投放的，但我们一般都不接。之前接过一次某大品牌的推广，还是软性植入，一条广告收费 4 万元，这就是个人 IP 号的品牌溢价。

4　微商视频号变现案例拆解

　　微商是一个庞大的群体，这群人的执行力非常高。人们常说微商很讨厌，但微商确实有很多地方值得学习研究。

　　关于微商转型视频号也有很多不错的案例。如果你是一个微商，你打算怎么做视频号？是直接上来推产品，还是拍产品宣传片，抑或日常拍各种好物种草？

　　我们分析过一个不错的视频号微商案例，她走了一条大家更容易接受的路线，通过 vlog 形式做个人 IP。她没有做过一条带货的视频，每条视频都是原创，有励志的，有读书成长的，也有鸡汤类的。通过这样的形式，打造出一个励志、积极向上、从底层一步一步成长起来的现代新女性形象，这样的人设更能引起用户的共鸣。她的变现方式也不是传统的微商套路，引流到个人微信后每天刷屏发产品赚钱，而是通过直播带货。她的首次直播是通过带货面膜变现，当晚直播总观看人数 5 000+，变现接近 4 万元，这对于普通人来说已经很了不起。她的直播做了哪些准备，核心要素有哪些？

4.1 ◀ 直播预热阶段

视频号直播预热非常重要，她通过自己的朋友圈社群在前期不断进行预热，提醒用户预约直播，开播后转发朋友圈、社群等。

4.2 ◀ 直播宣传

一般直播要么是干货培训，适用于知识付费类产品；要么是带货直播，而她属于后者。直播间的宣传点放在各种福利上，进入直播间能免费领取或者参与抽奖。

4.3 ◀ 直播流程和脚本

直播一定要有流程和脚本，很多新手主播没有直播经验，互动聊天中很可能聊着聊着就被带偏了，用户也会觉得直播间主题不明，所以需要有脚本和直播流程安排，帮助主播控场、及时校正，也会让直播间用户观看体验更好。

4.4 关键提醒

直播过程中会不断有新用户进来，主播需要间歇性提醒新来的用户分享转发直播间。直播话术中购买、打 call、转发、分享、点赞这些词汇一定要设为主播的高频词汇，通过这些来潜移默化地影响直播间的用户。

4.5 频繁互动

新手主播在直播间经常会犯的一个错误就是以自己为主，以为只讲干货或者单向卖好物就可以，但实际上用户在直播间更多是需要和主播互动。只有不断地与用户互动，才能快速拉近彼此的距离，这样也能在一定程度上提升直播间带货的转化率。

4.6 人设统一

人设统一要体现在视频内容、个人微信、社群、朋友圈、直播中。在视频号中，用户是因为看了你的视频内容才加微信，了解你，进入你的直播间。如果用户看到直播间的你和视频内容中的不一致，就会有失落感，通过视频号链接产生的信任感就会迅速消失，这样无论你直播间卖什么，用户大概率不会买单。所以人设一定要在哪都能立得住，才能长久留住粉丝，最好的人设就是向用户展现真实的自我。

4.7 私域流量运营

　　无论日常做视频号内容还是直播期间，都会接触新用户，引导这些新用户加微信是很重要的一步。或许当下用户还没在直播间购物，但通过后期的朋友圈运营，用户慢慢被影响，就有可能产生消费。这些用户引流到私域都是潜在的消费人群，长久积累就能在后续的直播中获得更好的带货效果。

　　视频号的变现方式有很多，做账号定位时就要想清楚，以后想走什么变现模式，是要短期的红利还是长期的价值。无论过程如何，最终能通过视频号实现变现目的即可。

　　直播是视频号中最重要的一环，无论从社交角度还是电商角度，直播都给视频号提供了更多的想象空间。短视频＋直播的组合拳在其他平台都已经被验证过，非常有效，在视频号中也是一样。实际上视频号直播对比其他几家平台的直播还有很长的路要走，但它也有独一无二的优势。如果做过视频号直播，你会发现，它更像一个熟悉的陌生空间。我们通常看直播时，页面会显示你的几个好友看过，一定程度上，用户进入一个直播间是有信任背书的，这样直播间的信任更加容易建立，对于带货转化也会有帮助。

第八章

CHAPTER 8

视频号直播篇

① 视频号直播的9个流量来源

直播是视频号中商业化的重要一环，开始直播前，首先要关注的一个核心问题就是直播的流量来源。视频号直播的流量来源比较多，以下总结了9个比较重要的流量入口。

1.1 直播广场

直播广场上有红点提示的时候，要点开这个红点，你必须先进入某个直播间，即使这个直播间你不感兴趣，也要先退出才能进入广场。

强制用户进入某个直播间是平台提升场观的一个设置，那么平台一般会推荐哪些直播间？一般来说会优先推荐综合数据比较好的直播间，或者有较多你的好友看过的直播间，以及你关注的一些主播（见图8-1）。被关注的主播开播时，就会有类似的提醒。

在直播广场能看到两类直播间，进入广场看到的基本上都是推荐栏，推荐栏里又分为"我的关注"和"更多推荐"。

前者展现的是用户关注的主播的开播情况，一般是综合数据比较好的直播间排在前面，或者主播刚开播，平台也会给予流量扶持，会出现在靠前的位置。后者展示的可能是你的好友看过的直播，或者某个时间段内综合数据表现比较好的直播间，再往下排一些根据你平常的观看偏好推荐的直播。

图 8-1

1.2 关注列表

关注列表展示的是我们关注的所有主播，凡是已经关注的，只要当前时间段在开播，如果你有足够的时间去刷，在这一栏里都能找到。

1.3 朋友列表

从视频号入口进入后，在朋友那一栏下刷视频的时候，会发现每刷七八条视频就会刷到一条直播。再之后的规律，大概是每 5 条左右推荐一条直播（见图 8-2）。

图 8-2

这些平台推荐的直播间吸引用户进入的方式包括：在页面显示有多少人看过、评论过，或者该直播间是全站的TOP50，主播可连麦，等等，主要通过文字提醒来引导用户。

1.4 推荐列表

推荐一栏要刷相对较多的视频（大概十六七条）之后，系统会开始推荐一些直播间，再往后大概每隔 7 条视频推一条直播（见图 8-3）。直播的推荐依据是用户偏好的直播间标签。因为视频号目前还在优化算法，所以官方推荐的直播让人不感兴趣也是比较正常的一种情况。

图 8-3

1.5 分享入口

开始直播时，我们一般会把直播间转发到朋友圈和社群，再通过朋友扩散到他们的朋友圈、社群，结合红包或者其他福利形式，引导用户进入直播间，提高场观、在线人数、互动率等。

这些流量大多是我们的私域流量，进直播间的用户可能都有一定的关联性，最好的一点是他们和你会有一定的链接，对你的信任度会更高，更容易产生深度互动。

1.6 服务通知

服务通知展示在微信消息页面，所以触达率相对较高，主要可以分为两类：

（1）预约通知。

预约通知是一种强通知，用户预约直播以后，直播开始时会收到震动提醒，触达率非常高，这也是很多人做直播抓预约的原因所在。如果你的预约数据很好，直播开场的场观一定不会太差。

（2）系统推荐通知。

算法会给我们推荐哪些直播间？通过研究上千个直播号主，我们发现，系统会根据你最近看直播的停留情况、互动情况判断你对哪种类型的直播间更感兴趣，然后从你的关注列表里找一些可能感兴趣的主播给出推荐，频率大概是一天推荐三四次。

1.7 短视频入口

直播的时候，有用户刷到你的作品，系统会提醒用户你正在直播（见图 8－4）。如果你的视频质量足够高，又是用户比较感兴趣的，那他在看完你的视频之后可能就会进入直播间。爆款视频诞生的时候，一定要及时开播，这期间流量的转化率非常高。未来整个视频号生态比较稳定之后，短视频引流到直播间一定会是一个核心入口。

图 8－4

1.8 公众号入口

很多公众号会在公号文章页面插入一条预约，直播时页面就会显示正在直播中。用户在看公众号文章的时候，可以直接从文章页面进入直播间。公众号的订阅号列表上方会展示一些常读的公众号，当公众号和视频号完成绑定后，常读公众号下就会展示对应的直播间，用户可以直接点击进入。此外，用户还可以通过公众号名称栏和公众号图文推送页进入对应的直播间。

1.9 其他入口

除了上述几种入口，其实还有很多小细节都可以作为直播间的流量入口。比如很多用户以后会在 PC 端观看直播，PC 端就会成为一个重要的入口。还有微信状态、朋友圈背景等展示空间，都可以成为直播间的流量来源。只有搞清楚流量从哪里来，才能进一步知道怎样去获取流量。

2 如何发起一场直播？

如果已经申请好视频号，从视频号入口进入后，在主页就能看到发起直播的按钮，点击发起直播，会有两种选择：

直播和直播预告。

如果你想提前设置一个直播预告，可以点击直播预告，然后设置对应的直播时间，最后创建直播预告即可。完成后，你的视频号主页就会有一个直播预约按钮，用户点击预约后，直播开启时就能收到开播提醒。

如果是直接发起直播，进入后可以直接设置对应的信息，修改封面，设置描述，选择对应的直播分类，即可开播。

2.1 ◀ 关于视频号直播的功能介绍

在发起直播的界面能看到很多功能信息，这些功能有什么作用，什么时候可以使用?

2.1.1 指定人群可看的直播

如果需要通过视频号发起一场私密直播，比如公司会议、家人朋友聊天等，可以选择"谁可以看"这个功能，目前有公开和指定观众两种形式（见图 8 - 5）。

公开是面向所有人的直播，指定观众就是私密直播，只有被选中的人才可以看到。如何设置指定的人观看直播呢? 可以直接通过群来选择，选择对应的一个或者多个群聊，即可实现指定群内的用户观看直播;也可以选择微信通讯录好友，选择一个或多个好友观看直播。

图 8 - 5

如果你想指定的人比较多，也可以在视频号助手端先上传一个包含指定观众微信号的文档，然后开播时选择对应文档即可实现文档中的所有用户观看直播。

2.1.2 选择群发红包

目前视频号直播间支持发红包，但仅限于博主选择的微信群。比如我们直播的时候，选择萧大业粉丝群，在直播间博主发完红包以后，凡是粉丝群内的人都可以在直播间领到红包，而不在粉丝群的用户则无法在直播间领取红包，这样也能引导新进直播间的用户进入我们的私域流量池。

博主可以通过这种方法引导用户添加微信，进入社群或者直接进入粉丝群都可以，方便后续运营。

2.1.3　手游开播

目前视频号手机端直接开播手游仅支持王者荣耀、和平精英和英雄联盟。比如要直播玩王者荣耀，点击直播页面左上角的游戏按钮，选择对应的开播游戏，然后修改封面，填写描述，即可进入游戏直接开播。

这个功能相当于把手机端的游戏界面直接推流到视频号直播间，用户只会看到你在游戏中的界面和操作。

进行游戏直播的时候，也会有一个浮窗显示在线人数和评论等，方便游戏博主回复和查看。

2.1.4　直播评论

直播间的评论可以由博主决定是否关闭，点击右上角的三个点，就能将评论区关闭。

2.1.5　连麦、打赏

直播间的连麦和打赏功能也是博主自由选择的，如果不想开启，可以通过右上角的按钮将其关闭。

2.1.6　美颜功能

视频号初始阶段，直播功能不带美颜，这是被很多人吐槽的地方，也导致很多博主不敢开播。后来陆续上线了美颜功能，包括翻转和镜像等功能都很实用，方便了不同博主的需求实现。

2.1.7　商品

如果想通过直播间带货，在直播前可以提前通过商品的功能上架产品，也可以在直播中直接发布提前上架好的商品。前提是已经开通了小商店，并且上架了产品，才能在直播时上架到直播间。

在账号主页可以创建或者关联自己的小商店，然后在"我的商品"里新增商品，填写对应的商品信息，审核通过后，就可以用于直播间带货。

2.1.8　选择直播身份

观看直播时可以用三种身份进入直播间。第一种是你的微信身份。第二种是你的视频号身份，当我们用视频号身份进入直播间，在直播间评论或者打赏时，别人可以点击你的名字进入你的视频号，从而给你的视频号带来一定的流量。第三种是自己创建一个身份，这相当于一个马甲号，比如有个大咖进入直播间观看，但又不想被别人认出来，这时他就可以创建一个马甲号，自己设置头像和昵称，这个身份一个月只能修改一次（见图 8 - 6）。

图 8 - 6

3 高效策划一场千人在线的视频号直播复盘

直播策划流程模板

主题

萧大业首场视频号直播秀

直播目的

借助萧大业单条视频播放 1 亿＋的热点宣传直播，通过直播课程吸引用户报名萧大业线上课程（沟通方向）。从热门视频聊起，谈如何与父母沟通。提出痛点：很多人无论在职场还是家庭，因为不会沟通，生活得疲惫不堪，问题层出不穷。进而引出沟通课程。

直播活动准备

直播时间：

第一场：10 月 26 日

第二场：10 月 27 日

第三场：10 月 28 日

直播宣传推广渠道

1. 萧大业各个微信号朋友圈；

2. 萧大业相关社群；

3. 萧大业粉丝主动转发；

4. 萧大业视频号提前 5 天预热提醒直播（在视频号主页发起直播预告）；

5. 联系有一定影响力的 KOL 发圈打 call；

6. 联系愿意为直播活动打 call 的博主在视频号内预热引导。

（注：5、6 为自愿渠道，不强求）

用户参与直播路径

直播流量入口：

1. 前期推广宣传造势—进入直播活动预约群—群助手定时发送群直播预约海报，引导用户预约直播—直播开始前一天发群公告，提醒直播时间—晚上直播开始前发群公告提醒—直播开始后各群转发直播。

2. 萧大业视频号发布首次直播通知，邀请用户观看，视频结尾引导点击下方公众号链接进入活动预约群—用户扫码进入预约群—群助手定时发送群直播预约海报，引导用户预约直播—直播开始前一天发群公告，提醒用户直播时间—晚上直播开始前发群公告提醒—直播开始后各群转发直播。

直播宣传物料和人员安排

直播宣传物料：

1. 直播宣传海报（至少两版），含进群二维码以及萧大业视频号二维码；

2. 萧大业视频号预热的公众号推文；

3. 直播间的 KT 板，奖品产品图打印，进群二维码，个人微信二维码，等等。

人员安排：

主播：萧大业；

直播策划：艾乐；

直播助手及职责：×××，在直播间互动配合；

社群助手及职责：×××，管理各直播预约社群，提预约直播，在社群中进行活动预热，直播答疑，剔除社群中的广告等违规行为，引导直播预热海报转发；

海报设计：×××，负责设计萧大业宣传海报。

预热文案

1.朋友圈话术；

2.社群进群话术、引导预约话术、社群提醒直播话术、引导用户转发话术、直播当天预约社群提醒话术、直播开始后话术、征集奖品朋友圈话术、点赞互动朋友圈话术等；

3.视频号发布预约文案。

建立直播预约群

利用第三方工具，提前建立直播动态二维码预约群，至少10个备用。海报上使用群动态二维码，满群自动切换。

直播测试

直播间收音、网络、声音、耳麦是否有问题，上架小商店测试、改价格测试、购买流程测试，直播间展示测试、主播位置调整、背景墙等。

直播间抽奖注意事项

1.直播间安排三轮抽奖，每轮奖品不同，奖品采用征集形式，符合调性，如书籍。

2.进直播预约群参与抽奖，奖品：萧大业沟通课程。给新课提供曝光度，同时提高大家进群预约直播的积极性。

3.针对直播期间购买了课程的用户做一次抽奖，奖品待定。

正式直播流程和注意事项

1.提前开播测试；

2.直播大纲；

3.直播开始前的事项检查清单；

4.安排小助手帮助回复引导评论区问题，查看直播间反馈；

5.安排小商店客服，为用户解答疑问；

6.准备至少两部手机，一部手机直播，一部手机抽奖；

7.直播间的抽奖话术和产品借鉴；

8.社群、朋友圈同步转发直播；

9.直播中通过互动抽奖引导大家分享直播间；

10.直播期间手机开启飞行模式；

11.直播期间出现的广告，及时禁止，否则影响体验；

12.直播抽奖 X 轮，最大的福利放在最后面；

13.直播抽奖前反复强调抽奖规则。

直播和预约群常见问题 Q&A

Q：直播为什么这么卡？

A：视频号直播由于带宽问题，目前还处于优化阶段，国外用户会比较卡，国内用户一般正常，如有问题，建议更换网络尝试。

Q：直播主要讲什么？

A：沟通相关主题、视频号玩法等。

Q：直播大概多长时间？

A：2～3个小时。

4 借助社群，放大视频号直播的影响力

以上是一个相对比较完整的直播策划，本节介绍社群和个人微信在整个直播中发挥的作用，以及具体的操作。一场好的直播需要充分准备，我们策划这场直播是提前一周开始，直播倒计时5天时开始正式执行，前期的工作主要依靠社群和个人号，搭配视频号去做宣传。

4.1 依靠社群和朋友圈视频号造势

（1）设置进群诱饵（丰富的奖品、吸引人的干货）。

（2）设计宣传海报。

（3）视频号发布预热内容，引导进群。

（4）朋友圈发布进群文案＋海报引导进群预约。

（5）进群引导转发分享活动（利益引导，参与课程抽奖、书籍抽奖），转发后及时群内晒图，引导用户从众跟随。

（6）博主在粉丝群定时互动，@个别人表示感谢，鼓励和引导粉丝转发分享，向粉丝证明他们所做的我们都看得到。

（7）针对粉丝群提前征集互动问题，直播间答疑（社群参与感）。

（8）粉丝群视频号用户主动发视频号内容进行宣传，可以集赞获取奖励。

（9）找KOL一起宣传造势，前期预热朋友圈，直播后转发造势。

做完这些以后我们发现，基本上圈内人都看到了这次直播，对这次直播的关注度也很高。从一定程度来说，能让别人对你的印象加深，加固你的标签，这就成功迈出了第一步。这个过程中，社群起着非常重要的承载和互动作用，通过社群把用户链接到一起，用群体的力量去引导大家共同发力。

4.2 社群前期、中期、后期的安排

社群前期：

第一天社群：以引导进群预约为主，主要涉及进群欢迎文案、引导预约文案海报（每30人进群提醒一次或者每10分

钟左右，视具体情况)、直播倒计时海报，处理相关预约问题。

第二天社群：引导进群预约，利用抽奖引导用户转发分享朋友圈，发群后在群内不断反馈。直播倒计时海报。

第三天社群：第二天的转发分享开奖，各群转发中奖截图，及时联系中奖者，在群里反馈，证明抽奖真实性，继续开始下一轮抽奖，带动更多人分享朋友圈。直播倒计时海报。

第四天社群：群内不断提醒预约，已预约的群内引导回复。直播倒计时海报提醒。

社群中期：

第五天社群：

1. 修改群名称。

2. 群内继续引导转发分享。

3. 一整天的倒计时海报，早上、中午、下午提前 3 小时开始，每个小时预告一次，不断提醒，仪式感要足，引起用户重视。

倒计时文案中提醒大家做准备工作，提前告知参与方式，通过分享看直播心得提高整场直播的在线人数。

4. 直播开始后，修改群名称。

5. 每隔半小时转发直播间到群里进行提醒。

6. 直播结束后，各群发反馈截图、数据截图，对粉丝群表示感谢，鼓励大家分享听课心得，继续扩大影响力。

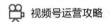

社群后期:

1.转普通粉丝交流群,制定群规则,有运营人员,轻度运营。

2.解散、重组社群。

4.3 社群人员安排

1.主负责人,负责整个社群的运营方案策划。

2.社群运营官,实施对应执行动作。

3.组建粉丝协助运营社群,每个群分布 2 ~ 3 个忠实铁粉,对协助人员进行简单培训,带氛围,引导预约,处理和提醒社群的违规行为等(对协助人员给予一定的奖励和激励措施,如福利课、书籍周边等)。

5 微信个人号助力直播的精细操作

1.朋友圈宣传预热(每天至少一条相关预热内容,最后一天可以 3 条左右)。

2.利用文案 + 抽奖活动,制造点赞最高的一条朋友圈。

第一个作用是激活微信好友,产生互动;第二个作用是为直播做准备。

3.征集奖品。

4. 直播开始后转发朋友圈。

5. 在点赞最高的朋友圈下写文案，引导大家看最新朋友圈，进入直播间。

6 直播的 12 种玩法

1. 直播间抽奖（分次抽奖，价值高的放到最后）；

2. 直播预约群频繁刷屏置顶；

3. 全程观看直播福利（收集碎片玩法）；

4. 朋友圈分享流量；

5. 直播间引流社群抽奖（沉淀私域）；

6. 直播间引流涨粉抽奖（大带小）；

7. 注重跟粉丝的互动，满足他们偶尔的特殊要求；

8. 引导预约下一场直播；

9. 直播间福袋抽奖；

10. 直播间连麦；

11. 直播间刷礼物；

12. 连麦互动。

注意用备用手机随时看直播间，关注画面调整。连麦更适合访谈式直播，比如"萧大业与×××对话"。

7 视频号直播推流

7.1 ▶ 视频号直播推流软件

目前视频号直播推流的主流软件有 OBS、腾讯会议以及搭配使用的 YY 等，微信 PC 端也已经上线了视频号推流直播功能，操作非常简单。

7.2 ▶ 微信 PC 端推流直播

传统直播推流一般需要借助第三方软件，比如 OBS、腾讯会议等，但实际上这些软件对于小白来说依然有一定操作门槛，而微信 PC 端已经增加了视频号直播功能，自带推流，操作简单易懂，小白也能快速上手。

首先安装微信 PC 最新版本，点击右下角直播就会发现新增了视频号直播，然后添加画面源，可以选择摄像头、手机画面、窗口、多媒体、游戏进程、桌面这 6 种类型。

如果推流直播时真人出镜，就选择摄像头，新版本自带美颜，如果美颜不能满足要求，也可以通过第三方美颜摄像头接入，比如 YY。如果推流直播时，想把手机上的画面或者动态实时同步到直播间，那就可以选择手机画面，这个功能非常实用，比 OBS 软件更好用（见图 8-7）。

图 8 - 7

至于窗口、多媒体、桌面几个选项，使用都很简单。窗口是针对电脑桌面打开的一个窗口，可以把这个窗口的画面同步到直播间；多媒体可以在直播间选择打开一些图片、PPT、视频等；桌面就是将整个电脑的操作都同步到直播间，也比较好理解，可以根据自己的需要进行搭配选择。如果是游戏主播，要在视频号推流直播也很简单，直接打开对应游戏，然后选择游戏进程即可实现画面同步到直播间。在完成设置以后，就可以直接发起直播，填写对应的标题、更换封面即可开播，非常方便。

微信 PC 端的推流直播还有一个好处是，开播后的评论互动在线人数、打赏热度等都可以清晰地看到，这是其他第三方软件无法实现的。另外，新版本的 PC 端已经可以直接在微信聊天页面观看视频号内容和直播，非常方便。

图书在版编目（CIP）数据

视频号运营攻略 / 萧大业，艾乐著. -- 北京：中
国人民大学出版社，2022.2
ISBN 978-7-300-30112-9

Ⅰ. ①视… Ⅱ. ①萧… ②艾… Ⅲ. ①网络营销
Ⅳ. ① F713.365.2

中国版本图书馆 CIP 数据核字（2021）第 279009 号

视频号运营攻略

萧大业　艾　乐　著

Shipinhao Yunying Gonglüe

出版发行	中国人民大学出版社			
社　　址	北京中关村大街 31 号		**邮政编码**	100080
电　　话	010 - 62511242（总编室）		010 - 62511770（质管部）	
	010 - 82501766（邮购部）		010 - 62514148（门市部）	
	010 - 62515195（发行公司）		010 - 62515275（盗版举报）	
网　　址	http://www.crup.com.cn			
经　　销	新华书店			
印　　刷	北京联兴盛业印刷股份有限公司			
规　　格	148 mm × 210 mm　32 开本	**版　次**	2022 年 2 月第 1 版	
印　　张	6.75 插页 2	**印　次**	2024 年 3 月第 7 次印刷	
字　　数	110 000	**定　价**	69.00 元